花津学术文丛　主编◎张德让　张孝荣

中国俄语学生发音韵律特征研究

庄微微◎著

Просодия русской речи у китайцев

南京大学出版社

Введение

Человеческое общество не может существовать без коммуникации. Язык и его реализация в звучащей речи служит для преобразования информации от мыслительного материала/внутренней речи к внешней и обратно. Звучащая речь, как известно, представляет собой основной вид речевой коммуникации. Это форма существования любого языка, неотъемлемый признак всех существующих или существовавших когда-то вербальных языков. Звучащая речь, как правило, тесно связана с фонетикой, её ресурсами и единицами.

Изучение языка, особенно иностранного, предполагает формирование устойчивых навыков в области артикуляции, умения успешно воспринимать звуковые эталоны на неродном языке. За эти ракурсы прежде всего отвечает фонетика. Как известно, не просто фонетика связана с внешней формой языка — она отвечает за состояние артикуляционной базы языка, за фонетические и фонологические механизмы речи, за алгоритм «от звучания к значению». Теория внешней формы языка имеет первоначальные истоки в учении В. фон Гумбольдта и активно разрабатывалась в лингвистической традиции вплоть до XXI века, отдельные ее положения есть и в концепции представителей Казанской лингвистической школы.

Фонетические ресурсы любого языка крайне значимы для выработки и репрезентации не только смысловой, но и фонетико-акустической информации. Естественно, что это тесно взаимосвязано с проблемами общей теории речи, где просодии уделяется большое внимание.

Современный этап развития лингвистики отличается возрастанием интереса к просодической проблематике. Современная коммуникация не может обойтись без паралингвистических ресурсов языка; просодия считается важной составляющей паралингвистики, поскольку углубление смысловых начал речи усиливается как раз за счёт механизмов и единиц просодии. Существенным фактором при этом становится стремительное развитие инструментальных (компьютерных) средств, связанных с исследованием общих и частных механизмов фонетики. С одной стороны, оно расширяет возможности исследователя (просодические параметры высказываний извлекаются теперь в реальном режиме времени), с другой — обрушивает на него лавину данных, которые не всегда подаются в терминах существующих концепций [Николаева 1996]. Поскольку разработка инструментальных средств является важной частью исследовательской работы по изучению речевого сигнала, описание систем анализа речи имеет не только теоретическую, но и прикладную ценность. Как отмечает Р. К. Потапова, различные исследования, процесс преподавания, клинические, судебно-медицинские, криминалистические и другие виды анализа зависят напрямую от возможностей доступных аппаратно-программных средств [Потапова 1992]. Настоящий период со всем его разнообразием персональных компьютеров не является исключением. Наличие компьютерных систем для акустического анализа речевого сигнала характерно теперь для большинства лабораторий мира, что делает возможным проведение временного, спектрального и других видов исследования речевого сигнала. О преобладании этих систем свидетельствует и постепенное исчезновение из промышленных каталогов традиционных осциллографов, спектрографов, спектрометров и т. д. С учётом запросов современной прикладной фонетики для просодического анализа звуков речи в нашей работе была применена компьютерная программа "Speech Analyzer", которая успешно используется отечественными фонетистами. Экспериментальный анализ речи в стенах Казанского университета имеет более чем столетнюю традицию. Основоположниками этого направления в фонетике были И.А.Бодуэн де Куртенэ и В.А.Богородицкий.

Богатству просодических характеристик соответствует разнообразие их функций. Просодия символична по природе: значения каждого просодического признака выражают те или иные категориальные и смысловые оппозиции, причем, как правило, весьма многообразные. Поэтому изучение просодии открывает новые перспективы в понимании базовой категориальной сети, на которой основаны интерпретация мира и речевое взаимодействие [Кодзасов 2009].

На предшествующих этапах развития фонетической науки в результате деятельности таких учёных, как Р. И. Аванесов, С. С. Высотский, Л. В. Щерба, а позднее — Л. В. Бондарко, Е. А. Брызгунова, Л.В. Златоустова, Т.М. Николаева, Н.Д. Светозарова, Р. К. Потапова и др., сложились определенные представления о русской просодии, которые требуют дальнейшего развития.

Необходимость в нетрадиционной интерпретации данных по просодии речи вызвано уже упомянутым выше появлением в экспериментальной лингвистике новых компьютерных информационных технологий, позволяющих детализировать тонкости звучащей речи в самом широком плане. Отметим, что комплексный акустический анализ просодии русской и китайской речи не проводился. Вместе с тем и типологически освоение просодии русской речи китайцами представляет собой несомненный интерес, т. к. русский и китайский языки являются разносистемными; в последнее время наблюдается активный рост их языкового контактирования; они важны и для решения проблем систематизации фонетических универсалий и уникалий, теории звуковой интерференции и т.д.

Одним из важных направлений в современной лингвистике является выяснение просодического строя на фоне иноязычных систем. Настоящая диссертация выполнена в рамках этого направления. Наше исследование посвящено изучению просодии русской речи китайских учащихся и выявлению просодических особенностей, лежащих в основе неадекватной интерпретации их речи на основе акустического анализа.

Актуальность работы обусловлена необходимостью анализа просодических особенностей русской речи китайских учащихся. Поскольку в настоящее время исследование сегментных явлений широко распространено, а на изучение супрасегментных, просодических элементов обращалось мало внимания, то возрастает необходимость расширения сферы изучения явлений просодического порядка — ведь именно они играют важную роль в коммуникации, определяют эмотивные основы речи, зачастую ключевую информацию в разговорах, мысли говорящего, а неверная репрезентация этих ресурсов просодии легко вызывает эффект коммуникативных неудач. Именно изучение этих единиц и средств делает нашу тему актуальной.

Цель диссертации заключается в выявлении и систематизации особенностей просодии русской речи китайских учащихся, изучающих русский язык в Казанском (Приволжском) федеральном университете. Для достижения данной цели были поставлены следующие **задачи**:

1) дать определение и общую характеристику просодических элементов языка;

2) рассмотреть речевые материалы, записанные от китайских учащихся, с применением компьютерной программы "Speech Analyzer";

3) систематизировать акустические параметры речи китайских информантов по базовым признакам (длительность, интенсивность, частота основного тона);

4) проанализировать и сравнить полученные акустические данные;

5) выявить типичные просодические особенности русской речи китайских учащихся;

6) объяснить причины возникновения интерференции просодических единиц.

Методологическая база исследования основывается на применении закономерностей порождения речи, развития внешней формы языка, каковой является фонетика речи.

Основными **методами** решения указанных задач являются:

1) описательный анализ акустических характеристик просодических единиц и элементов в связной русской речи китайцев;

2) лингвостатистический анализ рассмотрения и систематизации количественных параметров, выявленных акустических данных у дикторов;

3) сопоставительный анализ — сравнение результатов исследования на материале речи китайских и русских информантов;

4) экспериментальный анализ с применением программы Speech Analyzer для описания характерных акустических свойств звуков в русской речи китайцев.

Объектом нашей работы является речь китайских учащихся, изучающих русский язык как иностранный. **Предмет** настоящего исследования составляют просодические особенности речи китайских учащихся.

Материалом данной работы послужила речь, записанная от китайских учащихся и носителей русского языка (речевой материал составили записи более 2500000 мсек).

Теоретической основой исследования являются следующие работы: Р. И. Аванесова (1956, 1976), В. А. Артемова (1956, 1965), В.А. Богородицкого (1904, 1930), Л.В. Бондарко (1977), Е.А. Брызгуновой (1963), Л.В. Златоустовой (1981, 1986, 1997), С.В. Кодзасова (1997, 2001, 2009), Т.М. Николаевой (1956, 1977, 1978, 1982), А.М. Пешковского (1956), Р.К. Потаповой (1981, 1982, 1983, 1989, 1995, 1996, 2012), В.В. Потапова (2012), Н.Д. Светозаровой (1982), Л. В. Щербы (1983), Н. С. Трубецкого (1958), М.В. Хитиной (2005) и др.

Теоретическая значимость диссертации определяется вкладом в описание просодических особенностей русской речи на фоне иноязычных носителей, углублением методик экспериментального анализа звучащей речи у нерусских и разработкой лингводидактических рекомендаций.

Практическое значение исследования заключается в возможности использования его результатов при обучении китайцев основам русской просодии и орфоэпии, интонологии и артикуляции. Полученные данные могут быть использованы в курсах или спецкурсах по русской фонетике, фоностилистике, сопоставительной фонетике русского и китайского языков, прикладному речеведению, экспериментальной фонетике, основам просодии речи у нерусских.

Новизна исследования заключается в том, что акустические особенности речи у китайских учащихся рассматривались с применением современной компьютерной программы Speech Analyzer в духе традиций фонетических исследований Казанской лингвистической школы.

Работа состоит из введения, двух глав, заключения, списка использованной литературы и приложений.

Во **введении** обосновывается актуальность и научная новизна работы, цель и задачи, определяются теоретическая и практическая ценность исследования, возможные сферы практического применения результатов исследования, приводятся положения, выносимые на защиту, описаны используемые методы и материал исследования.

В **первой главе** рассматриваются базовые положения и концепции по просодии речи в отечественной и зарубежной литературе. Указываются традиции исследования. Особое внимание уделяется разным аспектам систематизации просодии речи, их разработанности в экспериментах. Обосновывается роль просодии в коммуникации и преподавании русского языка иностранным студентам.

Во **второй главе** описываются результаты проведенных экспериментальных исследований в области просодии слога, синтагмы и частных акустических характеристик русской речи у китайских учащихся. Приводятся критерии отбора экспериментального материала и аудиторов, обосновывается значимость выполняемых ими заданий для получения информации о различных просодических аспектах иноязычного звучания, описывается порядок проведения эксперимента и акустического анализа экспериментальных данных.

В **заключении** представлены итоги исследования, обобщаются результаты проведенного эксперимента, намечаются перспективы дальнейшего исследования просодических характеристик русской речи китайских учащихся посредством акустического анализа спонтанной речи и речи-чтения.

Библиография содержит список использованной литературы отечественных и зарубежных авторов.

В **приложении** приведены таблицы, иллюстрирующие результаты исследования.

Оглавление
目 录

Введение ·················· 1

Глава 1 Теоретические основы просодической стороны речи и подходы к исследованию просодии ·················· 1

1.1 Просодия в системе фонетического знания ·················· 1

1.2 Просодические единицы слог, фонослово, синтагма, фонофраза, фоноабзац и текст. Ракурсы описания ·················· 7

1.3 Просодические компоненты речи ·················· 35

1.4 Акустические характеристики речи ·················· 59

1.5 Функции просодии ·················· 73

1.6 Просодия, просодика и просодемика ·················· 74

1.7 Краткая история инструментальных исследований на материале китайского языка ·················· 77

1.8 Изучение просодии речи в прикладной фонетике ······ 90

Глава 2	Экспериментальный анализ русской речи у китайцев 99
2.1	Краткая история становления инструментальной фонетики 99
2.2	Ракурсы экспериментально-фонетического исследования звуков речи 107
2.3	Ритмические особенности русской речи у китайцев 142
2.4	Специфика ЧОТ в речи китайцев 163

Заключение 171

Литература 179

Приложение 197

Глава 1
Теоретические основы просодической стороны речи и подходы к исследованию просодии

1.1 Просодия в системе фонетического знания

Термин *просодия* имеет давнюю историю. Упоминание о сущности просодии можно найти в работах учёных античности; например, в трудах древнегреческих грамматиков он используется для обозначения независимых от основной артикуляции звука дополнительных оттенков речи.

В «Словаре лингвистических терминов» Ж. Марузо под просодией понимается совокупность речевых характеристик, таких как частота основного тона (далее — ЧОТ), придыхание, длительность и т. д. [Марузо 2004]. Подобное толкование термина *просодия* фиксируется также в трудах языковедов XVIII — XIX веков. В лингвистической литературе можно найти толкование просодии как совокупности супрасегментных характеристик: динамических, высотных и временных; интересную дефиницию сущности просодии мы также можем найти в работах Н. С. Трубецкого [Трубецкой 2000].

Термин *просодия* иногда исследователями трактуется как сущность, важная составляющая суперсегментной/супрасегментной фонетики, также может применяться относительно и самих суперсегментных единиц, их акустических параметров. Иногда в содержание просодии включают такие параметры, как ударение, паузацию, темп речи и интонацию. Интересный подход к дефиниции *просодика* мы находим в работе С.В. Князева, С.К. Пожарицкой: «Просодика используется чаще всего по отношению к слогу и фонетическому слову» [Князев 2005: 102]. Описание состава единиц и средств, так или иначе раскрывающих сущность просодии, позволяет нам увидеть, что суперсегментные единицы включают в себя слог, фонетическое слово, синтагму, фразу, участвующие в организации речевого потока.

В просодических исследованиях также встречаются термины *просодические характеристики*, *просодические признаки* и *просодические элементы*. Просодические характеристики имеют дело с речевой мелодией, темпоральными и тембральными особенностями голоса, ритмом, словесными тонами, стыками, паузами и интонацией. Это касается, например, повышения уровня интонационного контура, связанного с вопросом сильного ударения для выражения эмоционального состояния говорящего или эмоционального отношения к содержанию высказывания. Просодические признаки — это комплексное явление, в котором действуют суперсегментные параметры, такие как частота основного тона, интенсивность, длительность и др. Эти признаки могут реализовываться не только в одном сегменте, но и в целом комплексе. Просодические элементы характеризуются определёнными ритмико-интонационными параметрами, обязательными для соответствующего фонетического контекста, относительно независимыми от качества звуков, организующих речь путём противопоставления одних сегментов речевого потока другим. Просодические элементы обнаруживаются в таких единицах, как слог, фонослово, синтагма и фонофраза. Ударение и интонация являются самыми важными средствами при описании специфики звучащей речи. Об этом можно найти упоминается в энциклопедии «Русский язык» [Русский язык 1997].

Просодия традиционно рассматривается с двух сторон как: слоговая и как фразовая. Мы полагаем, что интерпретация слоговой просодии лингвистически полно и корректно дана в работах С. В. Кодзасова (см., например, [Кодзасов 2009]). Слоговая просодия проявляется в тех случаях, когда каждый слог в слове обладает особым просодическим признаком или набором признаков, которые в совокупности образуют обязательную и самостоятельную характеристику слога. Также считается, что уже в раннем детстве слог — единица фонологической обработки; ритм речи также маркирован природой слога и т. д. Перцептивные ракурсы просодии слога многое значат для понимания ритмической организации речи. Яркие примеры слоговых просодий можно найти в тональных языках Китая, Юго-Восточной Азии, Африки и Центральной Америки. В этих языках каждый слог в слове характеризуется особым тоном. Главным фонетическим компонентом тонового комплекса является закономерное изменение высоты голоса, которое может сопровождаться изменением интенсивности, длительности и типа фонации [Кодзасов 2001].

Наиболее ярким оформлением слоговой просодии является словесное ударение. Для русского словесного ударения важно не само понижение тона (оно определяется интонацией), а то, что от места ударного слога в слове зависит область реализации фразовых просодий: в этом отношении ударный слог явно маркирован относительно безударных. Его маркированность выражается в том, что во фразе при установке на тщательный тип произнесения (полный стиль произнесения) ударный слог может быть выделен изменением ЧОТа даже в том случае, когда слово не несет особой интонационной нагрузки (это касается знаменательных слов).

Словесное ударение в русском языке имеет специфическое акустическое выражение; фактически за счет комбинации признаков длительности, силы, тона и тембра порождаются соответствующие типы ударения. Стоит сказать, что инструментальные исследования в области ударения были начаты в конце XIX в. представителем Казанской лингвистической школы В. А. Богородицким. Отметим, что детальный слуховой анализ был проведен еще А. А. Потебней. Эксперименты показывают, что реализация словесного ударения в фонофразах разных видов характеризуется значительной вариативностью. Наряду с признаками длительности и силы акустическими коррелятами слоговой ударности и безударности в русском языке выступают также спектральные параметры. Достаточно показательными в этом ракурсе были работы Л. Р. Зиндера [1979, 1980], Л.В. Бондарко [1965, 1968, 1977, 1981, 1984, 1986, 1988, 2000], Л.В. Златоустовой [1962, 1977, 1981, 1986, 1997, 2001] и др.

В области фразовой просодии или интонации (в широком

понимании этого термина) базовым фактором просодической формализации и модулирования, как правило, выступает частота основного тона (далее ЧОТ); ее величина, направленность, скорость изменения позволяют не только разработать алгоритм анализа, но и обозначить типологии интонационного контура синтагмы, фразы и т. д. Как указывается в ряде современных экспериментально-фонетических работ, фразовые просодические средства могут использоваться в речи двумя способами: интегрально — как общая характеристика протяженных речевых отрезков; локально — в тесной соотнесенности с ударными слогами отдельной фразы. Описание природы просодии речи показывает, какие механизмы функционирования существуют и с помощью каких параметров это выявляется при инструментальном анализе. Можно также сказать, что, помимо специфических черт проявления просодии в речи, существуют общие типологические, указывающие на универсальный характер просодии в разносистемных языках [Кодзасов 2001].

Таким образом, структура и природа просодии речи представляют несомненный интерес для исследователей в области прикладной лингвистики, т. к. просодия речи многое значит и для постановки норм произнесения на неродном языке. Разработки аспектов изучения просодии в настоящее время успешно реализуются за счёт применения новых информационных технологий. В частности, во многих работах по инструментальному описанию речевого сигнала активно применяется программа "Speech Analyzer", например, в экспериментально-фонетических исследованиях под руководством Л. В. Златоустовой и др. Сегментация речи на более мелкие единицы крайне важна при изучении сущности просодии речи, поэтому достаточно значимыми можно считать интерпретацию просодических единиц в плане их физической структуры, типичности и функциональности. Современная прикладная фонетика активно разрабатывает соответствующие алгоритмы анализа.

1.2 Просодические единицы: слог, фонослово, синтагма, фонофраза, фоноабзац и текст. Ракурсы описания

Исследование проблем речеобразования, восприятия и автоматического распознавания речи тесно связано с выбором объекта исследования в качестве элементарной структуры и дальнейшей принципиальной стратификации признаков этого объекта. В связи с этим не менее важным представляется вопрос о том, какие объекты научного анализа следует считать элементарными структурами [Златоустова 1986: 65].

Выбор основной элементарной структуры речевого потока является кардинальным, значимым, от него в прямой зависимости находятся и конечные цели исследования. В лингвистических работах наметились в основном два пути, обусловленные природой объекта, выбранного в качестве опорной элементарной структуры. Одни лингвисты в качестве опорной элементарной структуры выделяют либо *звук*, либо *фонему* и их составляющие, другие ориентируются на *слог*, учитывая коартикуляторную специфику слитной речи, ставя на первое место свойство интегративности. Подобный подход ведёт к тому, что целостность будет характеризоваться новыми качествами и свойствами, не присущими её отдельным составляющим, а возникающими в результате взаимодействия этих составляющих в определённой системе связей. При этом одним из ведущих принципов следует считать принцип противопоставленности, согласно которому целое может быть меньше суммы его частей [Златоустова 1986: 66].

Так как нас интересует прежде всего просодия речи, то мы большое внимание уделяли единицам суперсегментной фонетики, в частности слогам, фонослову/фонетическому слову (фонетической структуре), синтагме, фонофразе, фоноабзацу и тексту. Структурирование суперсегментной фонетики многое объясняет в закономерностях смысловой программы речи; в лингводидактическом плане при обучении нерусских русскому языку, без сомнения, это стоит учитывать, поэтому в последнее время данные проблемы приобретают особую ценность. Феномен слога представляет несомненный интерес и в теоретическом освещении, ведь есть так называемые слоговые языки. Для китайского языка слоговая фонетика также является важным объектом научного исследования. Лингвистическое толкование природы слога в фонетических исследованиях проводится не только в теоретическом, но и в прикладном освещении, особенно это актуально в связи с современными решениями проблем речевых технологий.

1.2.1 Слог

Слог является минимальной единицей в речепроизводстве и речевосприятии на материале разных языков. Слог—отрезок речи, в котором реализуются базовые просодические признаки, такие как долгота, интенсивность, тон; слог участвует также в формировании ритма речи, т. е. выполняет ритмообразующую функцию. Он является также минимальной единицей восприятия речи.

По мнению Л.В. Златоустовой, слог можно рассмотреть с разных сторон: как часть языкового знака, объём которого определяется правилами фонотактики языка; как последовательность артикуляторных жестов; как последовательность акустических сигналов; как последовательность воспринимаемых стимулов; как декодируемая слушающим часть языкового знака, границы которого совпадают или не совпадают с объёмом единиц других языковых уровней [Златоустова 1986: 66].

Артикуляторная база того или иного языка определяет функционирование в речи характерных для данного языка типов слога. Исходя из того, что поток речи представляет собой в конечном счёте квазирегулярную последовательность двух элементов — согласного и гласного, можно установить характерные для того или иного языка типы комбинаций этих элементов в речи [Златоустова 1986: 67].

В качестве акустических признаков, характеризующих наличие слоговой границы, используют длительность гласного, входящего в состав слога; изменение уровня интенсивности и спектральные показатели связи соседних звуков [Потапова 1983].

Если же обратиться к собственно лингвистическим критериям слогоделения, то здесь на первый план выдвигаются правила слогоделения, диктуемые эмпирическими уровнями языка:

1) слог как основная единица квантования фонемной последовательности;

2) слог как единица дистрибуции;

3) слог как граница, границы которой определяются условной вероятностью распределения различных классов фонем в тексте;

4) слог как единица, фонемный состав которой определяется по пикам энтропии;

5) слог в терминах дифференциальных признаков фонем и т. д. [Златоустова 1986: 67].

Большое количество фактов, обобщённых за последнее время лингвистами, акустиками, физиологами, психологами, убеждает в правомерности рассмотрения открытого типа слога в качестве речевой универсалии. Об этом достаточно убедительно говорит Л.В. Бондарко. Мнение о том, что открытый слог является наиболее древним из всех типов слога, подтверждается также данными диахронии языка. В тенденции к открытости слога некоторые исследователи усматривают реализацию принципа наименьшего артикуляторного усилия. Наряду с правилами чисто фонологического характера в качестве дополнительных критериев слогоделения выдвигаются такие критерии, как морфологическая структура слова, а также законы фонетической реализации начала-исхода морфемы, т. е. привлекаются данные, относящиеся к системе пограничных сигналов.

Влияние фонотактики языка как на структуру слога, так и на характер слогового инвентаря в целом является весьма существенным. Однако полная ориентация только на фонологическую сторону в этом вопросе не совсем правомерна. Знание фонотактики языка ещё не означает возможности установления границ слога в потоке речи. Объём слога и его границы могут быть определены оптимально только с учётом всех критериев, рассматриваемых в совокупности.

Не всегда и не все фонологически определимые слоги имеют фонетически чёткие границы. Кроме того, не всегда эти границы совпадают [Потапова 1981].

Описывая природу слоговых согласных, фонетисты пришли к выводу, что слоговые согласные отличаются большей длительностью по сравнению с соответствующими неслоговыми. Причём увеличение длительности в данном случае следует рассматривать исключительно как следствие возникновения слоговости согласного, а не наоборот. Исследования последних лет позволяют нам подтвердить следующие моменты. Длительность выступает как чисто фонетическая манифестация слоговости. Увеличение длительности слогового согласного следует трактовать с позиций фонетической и функциональной компенсации. Гласный, бывший слоговым в составе анализируемого слова, утрачивается, однако число слогов в данном слове остаётся понятным, утрата гласного восстанавливается функционально в слоговости соседнего согласного [Златоустова 1986: 68].

При установлении иерархии слоговости согласных на первое место помещаются сонорные (плавные носовые), затем следуют смычные и т. д., однако последние не образуют определённой системы, что можно воспринимать как аксиому [Златоустова 1986: 69].

Утрата гласного обычно сопровождается изменением общей слоговой длины слова. Возрастание темпа, а также некоторые виды фоностилистического варьирования приводят к упрощению артикуляторных движений, в результате чего возникают разного рода ассимилятивные процессы, а также полная утрата звуковых сегментов [Златоустова 1986: 70].

Для понимания проблемы структуры звучащей речи необходимо обращение к слоговой единице как к опорной единице сегментации текста. При этом в современной лингвистике чётко разграничиваются *фонетический слог* и *фонологический слог*. В то же время известно, что понятие *фонологический слог* тесно переплетается с исследованием фонотактики того или иного языка, проблематикой слогоделения, слоговой делимитации речи. Фонотактический подход к определению границ слога подразумевает понимание слога в качестве единицы, в рамках которой сочетаемость фонем того или иного языка подчиняется определённым правилам; эти правила фонемной комбинаторики детально интерпретированы и систематизированы в работах ведущих фонетистов-прикладников [Златоустова 1986: 70].

Л. В. Бондарко и сторонники слоговой сегментации полагают, что слоговые единицы являются более подходящими для сегментации, т. к. их сегментация отличается большей надёжностью и именно слоги служат структурной основой для последующего определения звуков, что позволяет предвидеть их соотношения с другими единицами речевой цепи. Основой слоговой сегментации является поиск ядра гласного. Методика анализа слоговой сегментации может быть описана так. На первом этапе просматриваются единицы речи, которые группируются в смежные, но не пересекающиеся сегменты, число которых равно или может превышать число слогов и которые сосредоточиваются вокруг гласных. Каждый такой сегмент характеризуется максимальным значением интенсивности, значительно превышающим оба минимальных значения, которые являются его границами. На втором этапе следующие друг за другом сегменты группируются в слоги. Слог включает только одно ядро гласного. При сегментации такого рода учитываются следующие параметры: разность по максимальной и последующей минимальной интенсивности; среднее значение интенсивности каждого сегмента; максимальное значение; общее изменение спектра гласного и т. д. Такой алгоритм описания слога был предложен московскими учёными-фонетистами ещё в 90-е годы XX в. [Златоустова 1986: 71].

Таким образом, слог является симбиозной фонетико-фонологической единицей. Просодические средства, такие как ударение и тон, влияют в большей степени на слог в целом, чем на отдельные субслоговые сегменты. Сущность этого явления, традиционно называемого слогом, можно определить как относительно устойчивую минимальную структуру речевой коммуникации, формируемую под влиянием артикуляционной базы языка и находящуюся на пересечении семантической и семиотической шкал [Златоустова 1986: 72].

Звук, слог, фонетическое слово, фраза существуют как единое целое, как материально выраженное речевое произведение, в котором все составные элементы определяются материальными условиями линейности речи. Ни фонема, ни морфема, ни слово, ни предложение не находятся в каком-либо подчинении друг другу, а представляют собой относительно стратифицированное, единое материальное образование. Точкой пересечения материальной и функциональной шкал является слог, позволяющий манифестировать и идентифицировать речевое сообщение, способный, с одной стороны, обозначить функционирование различных речевых сегментов, с другой — интегрировать их в целостную структуру речевого высказывания. При помощи слога не только реализуется всякое речевое сообщение, но также осуществляется восприятие и понимание последнего. Следовательно, слог выступает в качестве опорной элементарной структуры и опорного сегмента в процессе вербальной коммуникации в целом. Так подробно говорится о слоге ещё и потому, что в разработках компьютерно-информационного характера слоговой фонетике принадлежит не последняя роль.

Структура слога определяется правилами парадигматики того или иного языка, границы сегментного характера обусловливаются спецификой синтагматических противопоставлений.

Ракурсы описания слоговости были изучены Л.В. Щербой, Р.И. Аванесовым в области теории слогоделения; Л. Р. Зиндером, Л. В. Бондарко — в области фонологии слога; А. Л. Трахтеровым, Г. Фантом — в акустическом плане; Л. А. Чистович — в области перцепции и др. В современной прикладной фонетике проблемами слога, его природы и функциональных возможностей с применением новых акустических технологий занимались и занимаются Л. В. Бондарко, Л.В. Златоустова, Р.К. Потапова и др. Наше исследование также является экспериментально-фонетическим, поэтому многие положения концепции Л. В. Златоустовой и Р. К. Потаповой нами принимаются как исходные.

1.2.2 Фонетическое слово

Этому термину соответствовали в разные периоды изучения закономерностей сегментации речи такие понятия, как *ритмическая структура*, *ритмогруппа*, *ритмический такт* и др. Описанием своеобразия фонетической структуры слова в потоке речи в 50-е годы XX века в Казанском университете занималась Л. В. Златоустова.

Фонетическим словом называется отрезок речевой цепи, т. е. совокупность слогов, объединённых общим словесным ударением.

Анализ взаимоотношений между словесным ударением и редукцией гласных был предметом фонетических исследований уже в работах В. А. Богородицкого. Это связано и с вопросами двойного ударения в композитах, т.е. природой и редукцией гласных в словах с так называемым дополнительным/побочным ударением. Виды редукции гласных могут соответственно иметь разную направленность в степенях редукции. Естественно, разные тенденции редукции гласных будут проявляться в сложных словах и в словах с элементами проклитики или энклитики.

Стоит отметить, что Л. В. Златоустова также использовала термин *ритмическая структура* как синоним термину *фонетическое слово*, поскольку, по её мнению, он имеет перед последним преимущество. Употребление термина *ритмическая структура* связано с изучением акустико-физиологических особенностей речи, где ритмическая структура как единица представляет собой структурную последовательность звукотипов [Златоустова 1962: 12].

Под ритмической структурой (далее — РС) понимается

целостная фонетическая единица плана реализации. Она организуется стержневым элементом, обязательно связанным со словесным ударением. Реализация РС зависит от положения во фразе. За счёт гласных РС меняется во времени в зависимости от следующих условий: положения в высказывании, т. е. в однофразовом высказывании или тексте, в начале однофразового высказывания или в конце; положения в тексте; в нейтральном высказывании или эмоциональном; под фразовым ударением или без него. Существенно влияет на временную структуру РС соотношение сильных и слабых позиций, класса широких и узких гласных. Наконец, важно и то, являлся ли первый слог слова прикрытым или неприкрытым [Златоустова 1986: 74].

РС является одной из единиц восприятия, обеспечивая членимость потока речи на слова. Получены статистические данные, показывающие устойчивость РС в её временных и спектральных показателях. Установлено, что типы РС могут существенно деформироваться (не пересекаясь) под влиянием места в интонационном контуре.

Исследования РС предполагают выявление классов/типов РС. В первом случае речь идёт о числе слогов в РС, во втором — о позиции ударного слога. В написании обычно используется обозначение в виде дроби, где числитель указывает на класс РС, а знаменатель — на её тип. Например, 3/1 — трёхсложная РС с ударением на первом слоге [Златоустова 1997: 264]. В сопоставительном плане типологии РС в разных языках были объектом рассмотрения Л.В. Златоустовой и её последователей. В результате проведённых исследований были актуализированы такие РС, как 2/2, 3/1, 1/1, 2/1, 2/2, 3/1, 3/2,

3/3, 4/1, 4/2, 4/3, 4/4, 5/3 и т.п. По экспериментальным данным Л.В. Златоустовой была разработана типология РС, установлена их частотность не только на базе русского языка, но и ряда европейских языков.

Фонослово является своего рода ядерной единицей в системе сложных фонетических единиц. При помощи акустических характеристик граница фонослова может варьироваться. Из всех акустических характеристик длительность относится к наиболее показательной черте стыковых звуков. Для русского языка часто наблюдаются увеличение длительности гласного в абсолютном начале слова и уменьшение длительности согласного в абсолютном исходе слова в стыке каждого фонослова. Конкретно это выражается в изменении относительной длительности гласного и согласного, разделённых между собой структурно, что легко определяется по осциллографическому контуру. По сравнению с другими физическими характеристиками интенсивность в большей степени определяет структуру слова, общую силовую дугу. Именно спад интенсивности может указывать на наличие границы слова. Но это сопряжено с рядом трудностей, возникающих в связи с позиционными и коммуникативными факторами:

1) принадлежностью высказывания к стилю произношения и произнесения;
2) позицией фонетического слова в сверхфразовом единстве;
3) позицией фонетического слова во фразе.

Установлено, что на материале русского языка наличие границ фонетического слова определяется:

1) отсутствием редукции гласного абсолютного начала фонетического слова (исключение составляет позиция после глухого согласного);

2) оглушением звонких согласных в абсолютном исходе слова в положении перед гласными и сонантами;

3) образованием особого рода геминанты на стыках согласных, одинаковых по фонетическому качеству [Потапова 1986].

Чтобы установить границу фонослов, необходимо учитывать указанные факторы, а также изменение временных характеристик, частоты основного тона и интенсивности. Данные акустические характеристики, выступая в различных комбинациях в потоке речи, образуют акустические корреляты пограничных сигналов [Златоустова 1997: 266].

Сочетаемость фонетических структур служит строительными элементами для более сложной суперсегментной единицы — речи-мысли, т. е. синтагмы. Смысловые аспекты речи аккумулируются в синтагматических единицах. Понимание смысла речи у любого носителя языка аккумулируется в тактиках синтагматического членения, поэтому изучение особенностей просодии речи у нерусских может обогатить и усовершенствовать методику обучения русской речи. Теория синтагматического членения необходима для разрешения проблем лингводидактики и прикладного речеведения.

1.2.3 Синтагма

При исследовании иерархии звучащей речи необходимо выяснить сущность термина *синтагма*. Понятие синтагмы впервые встречается в работе И.А. Бодуэна де Куртенэ в значении соединения двух и более слов. По его мнению, синтагма уместна в ракурсе семантико-синтаксической ассоциации, рассматривается как единица в системе морфологии. И.А. Бодуэн де Куртенэ использует определение синтагмы как морфологического элемента более сложного морфологического целого — фразы. Учёный также полагал, что освещение природы синтагмы значимо для описания системно-структурного механизма языка.

Под синтагмами Ф. де Соссюр понимал совокупность двух смежных языковых элементов, т. е. составные части отдельных слов или словосочетаний, частей простого или сложного предложений. С точки зрения Ф. де Соссюра, на основе синтагмы составляли отношения определяющего к определяемому.

Л. В. Щерба назвал синтагмой фонетическое единство, выраженное единое смысловое целое в процессе речи-мысли. Он выделял семантическую и фонетическую стороны синтагмы. Как известно, фонетическое единство синтагмы проявляется в наличии в ней одного объединяющего, усиленного ударения, обычно падающего на последнее знаменательное слово (синтагматическое ударение), и в невозможности паузы внутри синтагмы. Последующие экспериментальные исследования внесли уточнения в описание средств синтагматического членения и объединения слов в синтагму, но они не изменили самой сути трактовки этой единицы [Светозарова 1982: 27].

Итак, синтагма является речевой единицей, в рамках которой

реализуются правила коартикуляции и варьирования звуков, в частности, позиционно обусловленные изменения звуков на стыке слов.

Единство элементов синтагмы в звучащей речи как фонетической целостности достигается просодическими средствами: частотой основного тона, последовательностью фонетических слов, полной или звучащей паузой на границе синтагм. Актуализируются же эти средства синтагматическим ударением [Златоустова 1986: 80].

Акустические корреляты границ синтагмы определяются в терминах просодических характеристик. Уровень интенсивности анализируется с опорой на ряд параметров, наиболее информативными из которых являются:

1) общий диапазон уровня интенсивности в пределах фонетического слова, находящегося на стыке синтагм;
2) скорость изменения интенсивности на участках, соответствующих ударным гласным на стыке [Златоустова 1986: 80].

Как известно, целостность синтагмы достигается прежде всего невозможностью пауз внутри синтагмы и определённой акцентной структурой, придающей каждому слову синтагмы ту или иную степень ударенности/выделенности.

Инструментальные исследования, проведённые Р.К. Потаповой, позволили высказать следующие соображения относительно акустической природы синтагмы. Так, начало синтагмы внутри фразы, как правило, маркируется расширением диапазона частоты основного тона. Модификации длительности компонентов стыка (предстыкового и застыкового) обусловлены определённой конфигурацией ударных и безударных слогов на стыке синтагмы, т. е. зависят от ударения. В ходе исследования следует различать две позиции компонентов стыка: 1) контактную, при которой оба компонента стыка — ударные гласные, один из компонентов стыка (предстыковой или застыковой) — ударный гласный; 2) дистантную, при которой оба компонента стыка являются безударными гласными [Потапова 1980]. При контактной позиции стыковых компонентов наблюдается увеличение длительности ударного гласного по сравнению с длительностью безударного независимо от его места в РС на стыке синтагм. На стыке двух ударных гласных увеличение или уменьшение длительности одного из ударных гласных подчинено влиянию не только фонетических, но также семантических и ситуативных факторов. При дистантной позиции длительность первого (предстыкового) компонента стыка регулярно превышает длительность второго (застыкового) компонента [Потапова 1982]. Эти наблюдения были сделаны на основе инструментального анализа, и они вполне надёжны и убедительны.

Определение акустических коррелятов делимитативных средств синтагматического членения фраз делает возможным использование фонетических данных при разработке алгоритмов автоматической сегментации звучащей речи, что является наиболее важным при разработке вопросов прикладной фонетики и прикладного речеведения. [Златоустова 1986: 81]

Вместе с тем эти исследования важны для решения и освещения проблем дискурсивно-когнитивной парадигмы языка.

С фонетической стороны членение потока речи на синтагмы достигается как особым оформлением границ между синтагмами, так и объединением слов внутри синтагм по смыслу и грамматически. Одно из основных средств членения речи на синтагмы — пауза, которая обычно выступает в комплексе с мелодикой речи, интенсивностью и темпом речи и может замещаться резкими изменениями в значениях этих просодических признаков. Одно из слов синтагмы (обычно последнее) характеризуется наиболее сильным ударением (так называемым синтагматическим). В случае особого выделения одного из слов (например, при противопоставлении) на любое слово синтагмы может падать главное ударение (так называемое логическое ударение). Главный ударный слог синтагмы образует её интонационный центр. Другие средства объединения слов в синтагмы — это единый мелодический рисунок того или иного вида (так называемый интонационный контур), а также характерное для данного типа синтагмы изменение значений интенсивности и длительности.

Синтагмы классифицируются с точки зрения взаимосвязи входящих в них слов (например, синтагмы атрибутивные, релятивные), по их позиции в высказывании (синтагмы конечные и неконечные) и по типу оформляющего их интонационного контура (синтагмы завершённые, незавершённые, вводные, противительные, изъяснительные и др.) [Брызгунова 1963: 168].

Синтагматическое членение текста также теснейшим образом связано с относительно новым направлением в исследованиях звучащей речи — фоностилистикой. Стилистические возможности фонетических единиц в звучащей речи показательны для освещения своеобразия речи с позиции самого смысла текста и с позиции отношения говорящих к теме. Действительно, в зависимости от различного рода системной инвентаризации типов и видов устных высказываний, речевых жанров, в зависимости от экстралингвистических факторов синтаксические единицы (предложения, высказывания) могут сегментироваться разным количеством синтагм или одной синтагмой [Златоустова 1986: 79]. Естественно, что смысловой фактор играет большую роль в формировании структуры синтагмы, и при говорении на неродном языке она может служить своего рода экспертным тестом для выявления степени билингвокогнитивной компетенции говорящего, поэтому в своём исследовании мы также обращали внимание на просодические характеристики синтагмы.

Развитие смысловой программы речи выливается в анализ более сложной фонетической единицы, такой как фонофраза.

1.2.4 Фраза

Фраза (иногда используется её аналог *фонофраза*) — это высказывание или последовательность высказываний, представляющих собой смысловое/тематическое и просодическое единство. Фраза может состоять из одного предложения или нескольких предложений, синтаксически неправильного предложения, сочетания правильных и неправильных предложений. Фраза может быть образована из одной синтагмы или из последовательности синтагм, функционирующих как относительное автосемантическое единство. Фраза как артикуляторная единица выражения значения может быть идентична предложению или части предложения. Под фразой понимается речевой аналог предложения [Златоустова 1997: 305].

Если говорить о фразе в фонетическом ракурсе, то здесь главное место может быть отведено тематическому параметру, который объединяет собой синтагмы в составе фразы. Соответствующая интонационная кривая также служит показателем её тематического единства, хотя рисунок просодической рамки может быть разным, моделироваться в зависимости от индивидуальной манеры говорящего.

Фраза как сложная речевая единица, формируя определённую коммуникативную заданность в общении, служит средством выражения смыслового выражения высказываний в просодическом плане. В процессе речевой коммуникации фразы образуют совокупность фраз, объединённых смысловым и просодическим единством [Златоустова 1986: 81].

Фраза, по мнению А.М. Пешковского, интонационно оформляет различные синтаксические единицы. Особое внимание учёный уделил предложениям как сложным целым, которые определяют его просодические признаки (интонацию, паузацию, ритм) и служат для сегментации сложных синтаксических целых. Учитывая связь синтаксиса и интонации, учёный предложил назвать фразой семантико-просодическое единство [Пешковский 2001].

В настоящее время фраза понимается и как семантикопросодическая единица, и как любой отрезок речи, разделённый паузами или синтагмами. Под фразой мы понимаем всякий отрезок речи (как тематически целостное) от одной разделительной паузы до другой независимо от того, из скольких предложений состоит он. В рамках фразы наблюдается определённая интонационная модель, соответствующая тематическому единству составляющих её синтагм. Как мы уже отмечали, одной из первых особенностей синтаксического и интонационного планов во фразе рассматривал А.М. Пешковский. Он говорил, что в интонационном отношении фраза может быть простой и сложной, но это деление не совпадает с грамматическим делением фраз на простые предложения и сложные целые, где одиночные предложения могут произноситься двучленно и, следовательно, образовывать сложные. Краткие предложения внутри сложных целых часто сливаются интонационно со своим окружением. Итак, понятия фразы и предложения как интонационно синтаксического единства и собственно синтаксического оказываются в довольно сложных и запутанных отношениях друг с другом [Пешковский 2001].

Таким образом, фразу можно передать в форме предложения или комплекса предложений. Предложение в большинстве есть фраза, а комплекс предложений всегда есть фраза (сложная или простая).

В качестве подтверждения своих наблюдений А.М. Пешковский приводит отрывок из текста художественной прозы, указывая ещё на один признак просодической организации фразы — ритм.

Инструментальные исследования показали, что фраза как крупная просодическая единица играет важную роль в тексте вместе с другими суперсегментными элементами. Как известно, фразовая просодия выполняет функции членения и выделения, тогда как интонация осуществляет в тексте следующие функции:

1) членение звучащего текста на фразы;
2) указание на коммуникативный тип;
3) обозначение отношения между высказываниями (в связном тексте);
4) дробление на синтагмы;
5) маркированность типов отношений между синтагмами;
6) выделение актуализирующих элементов в синтагмах.

По мнению Л. В. Златоустовой, выполняя эти функции, интонация взаимодействует с другими языковыми средствами. Содержательное значение фразовой интонации, входя в состав общеязыковой семантики, может совпадать с аналогичными значениями, передаваемыми при помощи лексики или синтаксиса; при этом возникает ситуация параллелизма и взаимозаменяемости просодических и непросодических звуковых форм [Златоустова 1997].

Таким образом, смысловое, коммуникативное и просодическое оформление фонофразы многое значит для анализа закономерностей структурирования речи и не только в рамках порождения речи.

Совокупность фраз является частью более сложного образования — фоноабзаца [Златоустова 1986: 82–83].

1.2.5 Фоноабзац

Сложные синтаксические единицы, являющиеся компонентами

текста, получили у исследователей различные названия, среди них: *сложное синтаксическое целое* [Пешковский 2001], *сверхфразовое единство* [Ахманова 2014], *фонетический абзац* [Бондарко 1977] и т. п. Разнообразие обозначений одного явления объясняется в значительной степени многообразием подходов к его изучению. Исследования этого явления проводились в синтаксическом, семантико-синтаксическом, логико-семантическом, функциональном планах [Златоустова 1986: 83]. Сегментация связной речи предполагает выделение речевых структур, соотносящихся с планом выражения смысла речи; в фонетическом аспекте долгое время не было такого термина, который бы передавал эту сущность. По аналогии с терминами *фонослово*, *фонофраза* в литературе появился термина *фоноабзац*.

Фоноабзац (в фонетику текста этот термин ввёл Ю. А. Дубовский в конце 80-х годов XX в.) — это часть текста, состоящая из нескольких фраз, объединённых одной темой и характеризующихся интонационной дугой, или дугой напряжённости, выделяющей главную фразу. По мнению Ю. А. Дубовского, фоноабзац — это такая сложная фонетическая единица, представляющая собой семантико-просодическое единство, части которого обусловлены отношениями текстоцентризма. Положение о заданности в рамках фоноабзаца модели просодической структуры, характеризующей текст в целом, строится на рассмотрении преимущественно письменных текстов разных жанров. Одним из первых в прикладной фонетике, на что мы уже указывали, об этом вёл речь Ю. А. Дубовский [Дубовский 1978]. Фонетика звучащей речи предполагает структурирование на более малые отрезки речи, просодическая формализация невозможна без учёта взаимосвязи формы и смысла. Исследования, проведённые с использованием инструментальных технологий, подтвердили необходимость выделения этого явления в устной речи, особенно когда рассматривается звучащая речь в условиях языковых контактов.

Развёрнутые экспериментально-фонетические исследования акустических параметров фоноабзаца на материале устной речи подтвердили важность понимания фоноабзаца как просодической единицы [Златоустова 1986: 84]. Не все из просодических средств оказались равноценными при интерпретации этой единицы. Наиболее надёжными показали себя подсистемы ЧОТ, интенсивности и паузации. В подсистемах ЧОТ и интенсивности в качестве первичных признаков распознавания границ фоноабзацев обычно используют:

1) значения перепада ЧОТ и интенсивности в конце высказывания и в начале следующего за ним высказывания (известно, что к концу фоноабзаца эта разница неизбежно возрастает;

2) форму динамической огибающей. Огибающая инициальной синтагмы фоноабзаца стремится занять ровное положение при максимальных значениях (в *дБ*). Численные значения динамических огибающих синтагм убывают в следующем порядке:

- инициальная синтагма фоноабзаца;
- инициальная синтагма срединного высказывания;
- финальная синтагма фоноабзаца [Златоустова 1986: 84 – 85].

Лингвоакустические исследования позволили обозначить

необходимость описания сущности паузы в речи, её видов, количественных параметров, места расположения, влияния длины паузы и характера звуков и т.д. Полновесная трактовка проблемы паузы и фоноабзаца дана в исследованиях Л. В. Златоустовой, Р.К. Потаповой и др. [Златоустова 1986: 84].

Важно указать на взаимозаменяемость признаков при выделении фоноабзаца — паузацию, длительность пауз, речевые колебания и др. Фоноабзац, как правило, детерминирован количеством высказываний, зависящих от смысловой направленности. Как утверждают Л. В. Златоустова и другие учёные, начало фоноабзаца представляет собой смысловой центр, а последующие высказывание дополняют его [Златоустова 1986: 85].

1.2.6 Текст

Известно, что в XX веке сильно возрос интерес к изучению проблематики текста. Со времени Ф. де Соссюра текст находится под пристальным вниманием учёных. С одной стороны, предпринимается попытка разработать термин *текст*, включив в него любые произведения речевой деятельности (письменные и устные), с другой — связать тексты с развивающимися речевыми технологиями, механизмами кодирования и декодирования в речи.

В 70-е годы XX в. возникает текстология как наука, которая включила в себя теорию текста и текстообразования; практику анализа текста и классификацию, т.е. дескриптивную текстологию, и учение об использовании и переработке текстов — прикладную текстологию [Николаева 1977].

В 80-е годы XX в. изучение текста получило дальнейшее развитие на языковом уровне и в фонетическом плане. В лингвистике текста особое внимание уделялось языку и речевой деятельности (универсальный уровень), отдельным языкам (исторический уровень) и речевым актам, их последовательностям, реализуемым говорящим в определённой ситуации в устной или письменной форме (уровень текстов). В фонетическом плане текст рассматривается как определённая структура актуализации смысла с помощью комплекса фонетико-фонологических средств [Златоустова 1986: 86].

В 90-е годы XX в. были выделены интерпеллятивная и апеллятивная функции текста. Если интерпеллятивная функция заключается в установлении взаимопонимания между адресатом и адресантом, то апеллятивная — в способности текста побудить коммуникантов к определённым языковым (вербальным) или неязыковым (невербальным) действиям.

Учитывая тот факт, что текст понимается как комплекс языковых знаков, обладающих определёнными признаками, некоторые исследователи, используя компьютерные технологии, углубили научное понимание природы текста в речевой деятельности человека с точки зрения речевых действий в коммуникации [Златоустова 1986: 87].

В последние годы большое внимание уделяется изучению организации связного текста с учётом употребления в нем предложений, правил их сочетания и вхождения в более крупные текстовые фрагменты, названные сложным синтаксическим целым [Златоустова 1986: 88].

Развиваемое сейчас учение о функциональной перспективе предложения и сверхфразовом единстве позволило выделить так называемую «научную текстологию», где чётко намечен переход от отдельного предложения к сверхфразовому единству и далее к построению всего текста [Ахманова 2014].

Конечно, понятия *научная текстология* и *лингвистика текста* взаимосвязаны. В традиционном представлении лингвистики текста минимальной единицей текста считается высказывание как коммуникативная единица, ограниченная паузами или сменой партнёров в ситуации общения. В этом случае семантическая структура текста может быть представлена в виде сетки дефиниций, импликаций или пресуппозиций и рассмотрена на уровне высказываний.

Особого внимания заслуживают сложные тексты, представленные произведениями художественной литературы. Некоторые учёные к сложным текстам относят художественный текст, обладающий функциональными стилями, литературный текст как документ выдающегося писателя, который фокусирует в своём творчестве богатство общенародного языка и придаёт ему обработанную филигранную форму в процессе речетворчества [Златоустова 1986: 89].

Дальнейшее изучение текста связано со звучанием. Звучащие тексты представляют большой интерес для экспериментально-фонетических исследований с точки зрения вариативности их просодических характеристик. На вариативность просодических характеристик оказывают влияние как лингвистические, так и экстралингвистические факторы. Лингвистические факторы связаны с просодическим оформлением в тексте высказываний — их актуальным членением, эмоциональной окрашенностью содержания, наличием или отсутствием контраста синтагматических единиц и др. Экстралингвистические факторы связаны со степенью подготовленности говорящих, отношениями между говорящим и слушающим, социальным статусом говорящих, их отношением к содержанию высказываний, социальными условиями общения и т.д. [Златоустова 1986: 89].

Большинство учёных полагает, что с помощью просодических средств стало возможным последовательно описать коммуникативные типы высказываний, специфику актуального членения высказывания, характер отношений между единицами высказывания. В анализе и описании звучащих текстов большую роль играют следующие средства: фонетические, синтаксические, семантические, позволяющие на сегментном и супрасегментном уровнях членить и объединять отдельные составляющие звучащего текста. Особого внимания заслуживает здесь и вопрос о фонетической выраженности тематической структуры текста, т. е. вопрос фонетической выраженности актуального членения в пределах текста (см. [Николаева 1978, 2000; Потапова 1983]).

Изучение звучащего текста выходит за рамки чисто лингвистических задач и приобретает первостепенное значение для создания систем, обеспечивающих речевое общение человека и ЭВМ. В этой связи поиск надёжных признаков макросегментации текста приобретает особое значение, т.к. даёт возможность:

1) произвести полную сегментацию звучащего текста;
2) определить типы связей между различными сегментами текста;
3) выйти на высшие уровни языка.

Перспективной представляется стратегия поиска, включающая изучение модификаций просодических признаков речевого сигнала на базе двух типов речевых реализаций: пословной и слитной в рамках текста; выявление просодических признаков, служащих целям надёжной макросегментации звучащего текста (см. [Потапова 1981, 1982]).

В Казанском федеральном университете отдельные положения этой концепции были учтены при разработке и создании синтезатора татарского языка.

Таким образом, изучение звучания устного текста выходит за рамки чисто теоретических задач и приобретает особое значение для прикладных целей, в частности для осуществления автоматического распознавания и понимания слитной речи, синтеза звучащего текста, преподавания иностранных языков.

Исследование просодии необходимо не только в связи с суперсегментной фонетикой, но и с изучением проблем интонологии, сегментации речи. Все эти идеи так или иначе рассматриваются такими учёными, как С. В. Кодзасов, Л. В. Златоустова, Р.К. Потапова, Н.Д. Светозарова, О.Ф. Кривнова, В. В. Потапов, Р. К. Касаткина и др. Они анализируют просодические единицы не только применительно к сущности просодии, но и в ракурсах акустической формализации, фонологии, семантико-синтаксической организации текста. Опираясь на виды просодических единиц, мы проанализировали другие сверхкомплексные характеристики звучащей речи, которые не могут существовать сами по себе, — ударение, пауза, мелодика, интонация и т.п.

1.3 Просодические компоненты речи

Просодические компоненты речи — это неотъемлемая часть речевой деятельности человека. Они представляют собой единство взаимосвязанных компонентов: *ударение*, *мелодика*, *тон*, *ритм*, *пауза*, *темп*, *тембр* и *интонация* произнесения. Состояние просодических компонентов речи влияет на разборчивость, внятность, эмоциональный рисунок речи. Исследованием просодических элементов речи в норме занимались многие учёные: Л.В. Щерба, В.А. Богородицкий, Л.В. Бондарко, Т.М. Николаева, Л.В. Златоустова, Р.К. Потапова, С.В. Кодзасов, В.В. Потапов, Т.Е. Янко и др.

1.3.1 Интонация

Интонация — это суперсегментная единица, представляющая собой совокупность просодических средств, оформляющая звуковой поток речи, смысловые отрезки разной величины и выполняющая в речи делимитативную и синтезирующую функции. Феномен интонации позволяет исследователям при анализе речи акцентировать такие ракурсы, как оформление смысловых отношений, передачу диктума и модуса, отношения говорящего и слушающего, их интеракциональных действий, характер речевого поведения, моделирование семантико-синтаксических отношений в речи и т. д. [Светозарова 1982].

Как показывают исследования в области интонологии, интонация участвует в актуализации смысловых отношений речи, фоностилически маркируя то или иное высказывание. Интонация включает в себя мелодику, ритм, интенсивность, темп, тембр речи, логическое ударение и служит для выражения различных коммуникативных и грамматических категорий либо для выражения чувств говорящего.

В русском языке можно выделяют 7 интонационных конструкций (далее — ИК), которые были разработаны Е. А. Брызгуновой, в частности, в лингводидактическом плане. Суть классификации в следующем. Каждая ИК имеет центр — слог, на который падает основное ударение. Кроме того, ещё выделяют предцентровую и постцентровую части. В предцентровой части высказывание произносят обычно со средним тоном. Основными различительными признаками каждой ИК является направление движения тона в центре и уровень тона в постцентровой части. Общая интерпретация системы ИК заключается в следующем.

ИК 1 — тон постцентровой части ниже среднего. ИК 1 встречается в повествовательных предложениях при выражении завершённости (например, *Наступила поздняя осень. Ранние заморозки серебрят траву у дома.*).

ИК 2 — звуки центра произносятся в пределах диапазона предцентровой части. На следующем после центра слоге понижение тона ниже среднего. ИК 2 используется в вопросительных предложениях с вопросительным словом, а также встречается в предложениях со значением обращения или волеизъявления (например, *Кто из китайских студентов сможет участвовать в конкурсе? Кто именно? Куда мы едем?*). Понижение происходит после 1 слога, следующего за ударным.

ИК 2 и ИК 1 могут иметь один и тот же мелодический контур. От среднего тона резкое понижение, а затем тон ниже среднего.

Различие же этих ИК заключается в месте падения тона: у ИК 1 — в центре, у ИК 2 — на следующем после центра слоге.

ИК 3 — резко восходящие движения тона в то время, как тон постцентровой части ниже среднего. ИК 3 характерна для оформления незавершённости речи, но может наблюдаться и в вопросительных предложениях без вопросительного слова (например, *Сунь Мяо — на третьем курсе?*). При отсутствии постцентровой части в некоторых случаях наблюдается восходящее или нисходящее движение тона.

ИК 4 — тон постцентровой части выше среднего. Обычно это предложения с сопоставительным союзом *а* (например, *А студенты поедут?*). Повышение тона в постцентровой части может происходить на 1 заударном слоге и на последнем.

ИК 5 — имеет два центра. На звуках первого центра — восходящее движение тона. На звуках второго центра, на следующем за ним слоге, — нисходящее. Тон между центрами выше среднего тона. Обычно встречается при выражении высокой степени признака, действия, состояния (например, *Какой у неё голос!*) ИК 5 часто встречается и в вопросительных предложениях с вопросительным словом (например, *Куда мы идём?*).

ИК 6 — тон постцентровой части выше среднего. Обычно встречается при выражении неожиданного обнаружения высокой степени признака действия, состояния (например, *Какая интересная передача!*). Общий уровень тона синтагмы или фразы может изменяться вверх или вниз. Средний регистр тона характерен для большинства речевых актов, верхний регистр — при переспросах, нижний регистр — при вводных словах, предложениях. Характер интонации определяется и интервалом повышения/понижения тона.

Расстояние между нижним и верхним уровнем от начала до конца изменения тона — это и есть интервал. Тембровые средства интонации: разные качества голоса, определяемые состоянием голосовых связок. Как правило, это скрипучий голос, вкрадчивый, звенящий и т. д.

ИК 7 — степень длительности и громкости центра зависит от нейтральности или эмоциональности произнесения фразы.

Представляет несомненный интерес классификация интонационных типов по Н.Д. Светозаровой, в аспекте эмотивной классификации — работа Э.А. Нушикян; в раскрытии отношений интонация и смысл высказывания — работа И.Г. Торсуевой и т. д.

1.3.2 Ударение

Ударение — это сложная суперсегментная, просодическая единица языка, обладающая совокупностью фонетических средств, с помощью которых образуется форма слова, познаваемая носителями языка в процессе коммуникации. Ударение определяют как вершинообразующее выделение просодемы. Фонетически это выделение реализуется разными путями: с помощью экспираторного усиления, с помощью повышения высоты тона, с помощью удлинения, с помощью тщательной и энергичной артикуляции того или иного согласного.

Ударение выполняет две главные функции — формообразующую и познавательную. Ударение определяет границы фонетического слова, оно также имеет делимитативную функцию. При помощи ударения можно дифференцировать значение омографов. Поэтому ударение выполняет ещё функцию дифференцирующую и смыслоразличительную. Русское словесное ударение является свободным, т. е. ударение может стоять на любом слоге слова, поэтому в русском языке существует множество ритмических моделей слова. Ударение характеризуется и ритмообразующей функцией. О природе ударения имеются весьма интересные изыскания, сделанные в своё время А. А. Потебнёй, В. А. Богородицким, Л. В. Щербой. Их работы послужили фундаментом рассмотрения акцентологических проблем в языке и речи. Акцентологические вопросы русского языка до сих пор являются предметом широкого лингвистического обсуждения. Привлечение информационных технологий позволило некоторым образом высветить правомерность той или иной интерпретации, что мы и имеем в настоящее время.

В русском языке, когда говорят об ударении, главным образом, рассматривают словесное ударение. Словесное ударение характеризуется тремя признаками:

1) ударный слог выделяется своей большей длительностью, своим количеством. Именно количественное выделение ударного слога должно быть признано его основной характеристикой. Экспериментами доказано, что удлинение гласного воспринимается носителями русского языка как его ударность;

2) ударный слог обычно произносится с большей силой, поэтому словесное ударение также названо силовым, или динамическим. В акустическом плане динамическое ударение характеризуется большей громкостью ударного слога. С физиологической стороны оно характеризуется усилением мускульного напряжения, а также усилением выхода;

3) ударный слог имеет свою качественную сторону, что связано с чётким противопоставлением ударных и безударных

гласных в русском языке. Ударный слог произносится более ясно, более отчётливо, тогда как звуки безударных слогов в той или иной степени редуцируются. Ударный слог, таким образом, выделяется своим качеством [Буланин 2011: 162 – 163].

Инструментальные разработки позволяют высказать следующие соображения о природе ударения в русском языке. В слове ударные гласные оказываются продлёнными, а безударные как количественно, так и качественно редуцированными. В русском языке ударный слог отличается от безударного большей длительностью, силой и особым качеством входящих в него звуков. Сила гласного проявляется в его громкости. У каждого гласного есть свой порог громкости, ударности. Гласные, произносящиеся громче этого порога, воспринимаются как ударные. Ударные гласные характеризуются и особым тембром. Ударность и безударность — это свойство не только гласного, но всего слога. Для ударного слога характерна чёткость артикуляции всех звуков. Взаимовлияние гласных и согласных гораздо сильнее проявляется в безударных слогах.

Русское ударение связано также со всем словоизменением данного слова, т. е. с его парадигмой. Отметим, что акцентная парадигма русского языка подробно рассмотрена Т. Г. Фоминой [Фомина 2016: 33 – 41]. При парадигматическом изменении слова русское ударение может оставаться на одной и той же морфеме — такое ударение называют постоянным (*кнИга, кнИги, кнИге, кнИгу, кнИгой, о кнИге*). Большинство производных слов русского языка и заимствований обладает постоянным ударением. Слова с постоянным ударением образуют два типа парадигматических ударений — постоянное ударение на основе слова (*кнИга*, *пЕсня*, *Утка*) и постоянное ударение на флексии (*молодОй*). Непроизводные слова и часть производной лексики, наиболее древней и частотной, обладают подвижным ударением, т.е. при словоизменении ударение может переходить с основы слова на окончание и наоборот (*дЕрево — дерЕвья*).

В древнерусском языке ударение было музыкальным и динамическим. Слоги характеризовались восходящим тоном или нисходящим. В новой модели русского языка главным фонетическим средством является тембр звука, т. е. качественные характеристики гласного, а также длительность ударного гласного — его количественные характеристики. В формировании акцентной структуры слов участвует и сила звука.

Если в слове число слогов превышает 5 – 6, то возникает слабое побочное ударение, которое помогает нам опознавать структуру многосложных слов (*зАпадноевропЕйский*, *сУдостроИтельный* и т. п.). Побочное ударение характерно, в первую очередь, для сложного и сложносокращённого слова с двумя или тремя основами. Основное ударение падает на последнюю основу, побочное — на первую.

Просодическое устройство слова в языке, словесное ударение, — соответствующий акцентный тип. Акцентные типы поддаются систематизации, более того, они составляют инвентарь характерных видов акцентуации в языке. Систему акцентных типов в языке изучали С. В. Кодзасов, Т. Г. Фомина, Т. Е. Янко и др. На основании проведённых исследований можно прийти к таким обобщениям. Разнообразие представленных в языке акцентных типов зависит от места ударения в слове, числа слогов в слове, отношения слова к смысловой организации речи, а также индивидуальной манеры речи. С. В. Кодзасов выделяет простые, сложные и комбинированные акцентные типы.

По отношению к фонетическому слову ударение, как известно, может быть свободным (разноместным) или фиксированным. Если ударение фиксированное, то число возможных акцентных типов определяется почти исключительно тем, сколько слогов может быть в слове (обычно также и качеством этих слогов). Если ударение свободно, то число акцентных типов есть функция от комбинаторики следующих факторов: числа типов слов по числу слогов; числа позиций, которые может занимать ударный слог в словах каждого из классов, выделенных по числу слогов; ограничения на сочетаемость ударения и типа слога (здесь, как и везде, мы отвлекаемся от аспектов, связанных с морфологией).

В рамках признания традиций хотелось бы упомянуть работы В. А. Богородицкого, где с учётом фактора ударения была описана система русского вокализма с применением инструментальной методики (например, его работа «Гласные без ударения в русском языке»).

Кроме словесного ударения, в русском языке выделяют фразовое, в рамках которого затем различаются синтагматическое, логическое и эмфатическое ударения. Синтагматическое ударение — это, как известно, просодическое выделение, подчёркивание одного из словесных ударений в синтагме, как правило, последнего слова в синтагме. По сути, синтагматическое ударение есть компонент просодического оформления синтагмы. Синтагматические ударения подобно словесным создают свой ритм — ритм синтагм, или синтагменный ритм. По-видимому, для обеспечения этого ритма должна существовать тенденция либо к уравниванию интервалов между ближайшими синтагматическими ударениями, либо к регулярному чередованию интервалов примерно одинаковой длительности. На практике, учитывая почти стопроцентную ассоциированность синтагматического ударения с последним слогом синтагмы, это означает либо использование синтагм равной длительности, либо чередование синтагм примерно так же, как чередуются краткие и долгие слоги в составе стопы в стихотворной речи, хотя, конечно, и без строгого совпадения длительностей. Фразовое ударение показательно для освещения семантической формализации речи, оно помогает лучше понять прагматические установки говорящего и т. д. В фонетическом плане природа фразового ударения также значима для анализа просодии речи. Но утверждать, что фразовое ударение имеет фиксированный характер, не представляется нам всё же убедительным, потому что смысловое прочтение текста достаточно индивидуально, хотя с точки зрения сильных позиций текста определённая закреплённость есть.

Во многих источниках о характере фразового ударения говорится следующее. Фразовое ударение — это просодическое выделение последнего слова высказывания. Подобно синтагматическому ударению, фразовое ударение также носит фиксированный характер, всегда помечая последнее слово высказывания любого типа. Фразовое ударение — компонент общего интонационного контура высказывания, за которым закреплена делимитативная функция. В каждом высказывании ровно одно фразовое ударение.

Логическое, или смысловое, ударение — это опора мысли. Как

говорил К. С. Станиславский, это «указательный палец», который выделяет главное слово во фразе или группу слов в предложении. Логические акценты расставляются в зависимости от цели высказывания, от главной идеи всей темы и группы слов. В этом плане показательно использование фразы из работы Н. Д. Светозаровой: *Как удивили его слова брата.* Согласно теоретическим разработкам, логическое ударение чаще всего достигается повышением или понижением тона — тональное ударение. Иногда слово или группа слов в предложении выделяются с помощью логических пауз перед выделяемым словом, после него или двумя паузами: до и после выделяемого слова. Изменение высоты тона даёт возможность наиболее полно передать всевозможные оттенки значимости того или иного слова в его связи с другими.

Считается, что ударение есть соответствующая просодическая характеристика, просодическая помета слова, высказывания. Любой текст при его порождении подвергается своего рода семантическому квантованию, осуществляемому с помощью просодических средств. Поскольку просодия представляет собой по существу и функционально достаточно сложное явление, необходимо дифференцировать те акустические параметры, без которых трудно описать ведущие элементы просодии в языке. Реестр физических свойств просодии не может не включать рассмотрение природы мелодики.

1.3.3 Суперсегментные параметры просодии

Суперсегментные параметры (мелодика, тон, ритм, пауза, темп, тембр и др.) в речи всегда привлекали внимание исследователей.

1.3.3.1 Мелодика

Мелодика речи считается основным компонентом интонации.

Акустический коррелят мелодики — это изменения основного тона, развёртывающиеся во времени. Мелодика организует фразу, расчленяя её на синтагмы и ритмические группы, одновременно связывая её части; различает коммуникативные типы высказывания (вопрос, побуждение, повествование завершённое и незавершённое, восклицание, импликация; в некоторых языках эти типы оформлены мелодически, а не грамматически, например, общий вопрос в испанском языке, импликация во французском языке); выделяет наиболее важный отрезок высказывания; служит для выражения эмоций, модальных оттенков, иронии, подтекста. Л. Р. Зиндер отмечает, что мелодика служит не только целям сегментации речи, но и объединению фонослов в фонетическое единство по типу синтагмы [Зиндер 1979: 273]. Для характеристики мелодики, как показали исследования, проводимые ведущими российскими интонологами, важными являются мелодические диапазоны (разница между высшей и низшей точкой изменения ЧОТа), скорость изменения направления тона, интервалы (соотношение между этими точками в музыкальных терминах октав, кварт, квинт и т. д.), пики, степень крутизны повышения и понижения тона, направление движения ЧОТа (вверх, вниз, ровное), уровни (ярусы), от трёх до шести в разных фонетических толкованиях [Лингвистическая энциклопедия 1999]. Как свидетельствуют материалы просодических исследований, в рамках синтагмы ЧОТ может значительно моделироваться. Это создаёт впечатление некоторого мелодического рисунка, накладывающегося на синтагму. Начинаясь от некоторой средней частоты (обычно это наиболее характерная для данного диктора частота основного тона), мелодическая кривая совершает восходяще-нисходящее движение, рисунок которого зависит от типа синтагмы. Анализ кривых изменения основного тона показывает, что каждый из интонационных типов имеет свои специфические черты, обусловленные семантико-синтаксическим содержанием высказывания. Исследования в области современной интонологии позволили сделать следующие обобщения. Интонация завершённости, как правило, характеризуется нисходящим движением кривой тона к концу высказывания.

Моделирование типов интонации высвечивает интересные отношения изменения тона и ударного гласного, пиковые значения интонации, как правило, отмечаются на ударных гласных, число безударных гласных по-своему варьирует длину и высоту кривой тона. Небезынтересны в этом плане и мелодики вопросительных высказываний. Наблюдения над соотношением кривой тона и акустических данных гласных указывают на гармоническую зависимость мелодик и тембра гласного в высказываниях.

Интересные в этом направлении были проведены Н. Д. Светозаровой, В. И. Петрянкиной и др. Проведенные исследования в области теории и природы интонации позволяют констатировать особенности интонации. Так, интонация повествования завершенности характеризуется плавным понижением ЧОТа на последнем ударном гласном синтагмы. Это понижение выражается не только в том, что на протяжении ударного гласного частота основного тона, как правило, изменяется, а в том, что по отношению к средней частоте основного тона конечный ударный гласный в синтагме занимает более низкое положение. Если за последним ударным гласным следуют безударные слоги, то на них продолжается падение ЧОТа. Обычно мелодические пики (подъем ЧОТа) совпадают с позициями ударных гласных. Для вопросительной интонации характерно повышение ЧОТа на ударном гласном последнего слова синтагмы. Это повышение характеризуется, во-первых, значительным изменением частоты внутри ударного гласного, во-вторых, более высоким положением этого гласного по отношению к средней ЧОТа. Если за ударным гласным в последнем слове синтагмы следуют еще и безударные, то на них наблюдается понижение ЧОТа, однако гораздо менее значительное, чем то, которое характерно для интонации законченности. Для высказываний, оформленных интонацией выделения, типичен рисунок, довольно похожий на рисунок интонации завершенности. Однако есть и различия: такая синтагма начинается с более высокой частоты основного тона, мелодический пик в ней также занимает более высокое частотное положение, так что степень понижения основного тона на ударном гласном последнего слова ("интервал падения тона") оказывается в этом случае более значительной, чем в синтагме с интонацией завершенности [Гусева 2014: 79].

Поскольку по акустической природе мелодика незавершённости по общему рисунку очень близка к вопросительной, то учёные обращали внимание на характер начала тона в синтагме, мелодические пики и их соответствие гласным. Различия между ними заключаются в том, что начинается такая синтагма с более низкой частоты основного тона, чем вопросительная; максимум — мелодический пик имеет меньшую частоту, чем при вопросительной мелодике, как и ударный гласный последнего слова. Безударные слоги в конце незавершённой синтагмы характеризуются более высокими частотными значениями, чем при вопросительной мелодике [Гусева 2014: 80].

Проблематика экспериментальных исследований в области теории интонации выявила три основных способа представления мелодики: контурный, ярусный и комбинированный. В основном эти идеи реализованы в трудах таких ученых, как Г. Суит, Д. Джоунз, О. фон Эссен, М. Граммон, которые представляют мелодику в виде мелодических кривых. Ярусный способ характерен для американских исследователей (К. Л. Пайк) и фиксирует мелодику как прерывную последовательность мелодических ярусов, обозначая их цифрами. Ярусам приписывается значение завершенности, незавершенности, выражения эмоций. Нам представляется лингвистически оптимальным комбинированный способ (Ф. Данеш, П. Делатр, Е. А. Брызгунова, И. Г. Торсуева, Н.Д. Светозарова и др.), который является совмещением контурного типа и ярусного. Основанием для такого рассмотрения мелодики является то, что мелодические уровни не существуют вне контуров, а для контуров важны не только форма, но и распределение по уровням. Основы изучения мелодики речи заложены еще в отечественном языкознании В.А. Богородицким, А.М. Пешковским, Л.В. Щербой. Достаточно интересными можно считать концепции Н.Д. Светозаровой, А.И. Багмут, В.И. Петрянкиной и др.; функциональный ракурс в изучении сущности интонации становится весьма актуальным в современных интонологических исследованиях, т.к. он выделяет те возможности интонации, которые востребованы условиями теории речи.

1.3.3.2 Тон

Тон — просодический признак, характеризующийся мелодическим варьированием высоты тона голоса. Тон реализуется в виде повышения или понижения голоса, которое может либо быть неизменным (равновысотным) на протяжении слога, либо изменяться от одного высотного уровня к другому. Число таких уровней (регистров) в разных языках различно, но в целом оно, как правило, не превышает 4 (верхний, два средних и нижний). Тоны, не изменяющие регистр на протяжении слога, называются ровными; изменяющие регистр называются скользящими (контурными). Последние группируются по характеру направленности: однонаправленные (восходящие/нисходящие), двунаправленные (восходяще-нисходящие/нисходяще-восходящие) [Зиндер 1979].

В теории паралингвистики и невербальной семиотики тону также уделяется большое внимание, имеются в виду работы Г. В. Колшанского, Г. Е. Крейдлина и др.; в этих исследованиях тон, голос человека многое предопределяет в выборе его коммуникативной тактики, отношения к своим партнёрам, концентрации чувства и смысла в общении. Можно сказать, что это базовые фокусы в речевой деятельности человека.

С другой точки зрения, тон трактуется как акустическая характеристика звука, определяемая концентрацией энергии в области верхних или нижних частот. В фонетике вместо термина тон в этом значении употребляется термин *тональность*. Различаются высокотональные и низкотональные звуки; например, гласные в русском языке [*у*], [*о*], [*а*] относятся к низкотональным, [*э*], [*и*] — к высокотональным. В фонологии эта характеристика используется как один из универсальных различительных признаков фонем, входящий в систему признаков, сформулированных ещё в 1960-е годы Р.О. Якобсоном, М. Халле, Г. Фантом. Тон трактуется как ядерная структура мелодики. Тональные контуры разрабатываются в прикладном речеведении и в ракурсе идентификации, верификации личности по голосу [Фант 1964].

1.3.3.3 Ритм

Ритм — это регулярное чередование однотипных явлений. Ритм лежит основе жизнедеятельности человека. В речи ритм — это чередование ударных и безударных слогов, моментов говорения и молчания, восходящей и нисходящей мелодики и т. п. Изучением ритмической организации речи занимается фонотактика, при этом особое внимание уделяется ритму при изучении стихотворной речи. Однако ритм лежит в основе любого вида речевой деятельности, фонотактика изучает не только чередование ударных и безударных слогов, частотности ритмических моделей слова, но и количество фонослов между паузами количество речевых тактов во фразе и т. п. Для нас показательными в плане идей ритма являются работы А.М. Антиповой. Интересными также можно считать интерпретацию ритма в связи с идеей семантического ореола стиха М.Л. Гаспаровым [Фомина 2007].

Интерес к ритму не угасает в филологических исследованиях. В этой связи можно упомянуть работы А. Белого, применительно к тексту работы А.М. Пешковского, М.М. Гиршмана и др.

Нас же больше интересует сущность ритма в отношении акустических основ звучащей речи.

1.3.3.4 Пауза

Пауза — это временная остановка звучания, разрывающая поток

речи, является средством деления звучащего текста на смысловые единицы. Паузация служит не только целям сегментации речи, но и организации речи в сигнификативном плане, теория паузы основывается на рассмотрении её природы, функций.

Среди просодических средств, обусловливающих феномен воспринимаемой паузы, ведущее место принадлежит физической паузе — перерыву в речевом континууме, когда амплитуда звукового давления речевого сигнала равна нулю. Физическая пауза является универсальным и наиболее надёжным средством макросегменации звучащей речи при условии, если длительность временного перерыва достигает тех границ, которые обеспечивают возможность его восприятия человеческим слуховым аппаратом. В последних прикладных разработках наблюдается интерес к систематизации пауз в речи; примером является, в частности, классификация Р. К. Потаповой, В. В. Потапова. Однако пауза имеет довольно широкую зону варьирования в зависимости от целого ряда факторов, в частности, от синтаксической дистрибуции временных интервалов, их просодического контекста, фоностилистических характеристик текста, связанных, прежде всего, с темповыми модификациями и видами речевой деятельности [Потапова 2012].

Существует несколько подходов к проблематике типологии пауз в рамках теории порождении речевых актов. Система типов пауз предполагает следующую дифференциацию:

- *пауза несинтаксическая* — остановка в речи, не выражающая синтаксической зависимости между частями предложения, вызываемая физиологическими причинами (во время пауз говорящий вдыхает воздух, необходимый для продолжения речи), психологическими причинами (волнение говорящего), обрывом в логическом развитии мысли;

- *пауза предупредительная* — служащая для предупреждения о последующем продолжении речи, в котором обычно содержится разъяснение предшествующей части предложения (после обобщающего слова перед перечислением однородных членов; в бессоюзном сложном предложении, в котором вторая часть в каком-то отношении дополняет, конкретизирует и поясняет первую);

- *пауза разделительная* — конца предложения. Для подчёркивания конечного содержания, иногда вместе с определённой интонацией;

- *пауза синтаксическая* — выражающая определённые синтаксические отношения между разделяемыми ею частями предложения (обычно совместно с другими элементами интонации);

- *пауза сказуемого* — выражающая предикативную связь (в предложениях с распространённым составом подлежащего — перед последующим сказуемым любого типа; в предложениях с нераспространённым составом подлежащего — перед именным сказуемым при нулевой связке);

- *пауза соединительная* — совпадающая по функции с союзом (между однородными членами предложения, соединёнными бессоюзной связью или повторяющимися союзами; между частями перечислительных бессоюзных предложений) [Потапова 2012].

В филологическом плане с учётом лингвистики и синтаксиса текста виды пауз детально описаны в целом ряде лексикографических источников, например, в лингвистическом энциклопедическом словаре. Предложенная ими классификация весьма эффективна при обучении основам русской словесности.

1.3.3.5 Темп как один из просодических параметров речи

Темп речи — это скорость протекания речи во времени, её ускорение или замедление, обусловливающие степень артикуляционной напряжённости и слуховой отчётливости. Темп относится к просодической стороне речи, он учитывает сумму произнесённых звуков за единицу времени. С просодической точки зрения, замедляясь или убыстряясь, он также указывает на коммуникативную интерпретацию речи, на то, насколько важны те или иные отрезки речи, соответственно раскрывая при этом и эмотивную сторону высказывания. В большом числе исследований о темпе речи говорится, что «он может быть быстрый, скороговоркой, где слова выступают в редуцированных формах; медленный, когда наблюдается тягучая, монотонная, полная форма речи; прерывистый, когда речь разделяется на короткие, рубленые или необоснованные по смыслу отрезки (или остановки)». Трактовка сущности темпа предполагает онтологическое освещение темпа. В частности, отмечается, что темп речи формируется у ребёнка с развитием речи на основе биологических (наследственных) и социальных (окружающая среда) факторов. Изменения темпа речи наблюдаются при самых различных эмоциональных состояниях человека. В этих случаях они носят временный характер и могут быстро нормализоваться.

Основное внимание при исследовании разных темпов обращают обычно именно на длительность слога, однако никто не сомневается в том, что с изменениями темпа связаны и качественные изменения звуков.

Специальное исследование, посвящённое описанию артикуляции при разных темпах, показало, что человек способен сохранить артикуляционные характеристики звуков при любом изменении темпа; при убыстрении его согласные сохраняются лучшие, чем гласные. Интересные наблюдения о темпе речи мы можем найти у Л.Р. Зиндера [Зиндер 1979: 2].

Целесообразно различать нормальный индивидуальный темп речи говорящего и некоторые его изменения в двух возможных направлениях — быстрый и медленный темпы. Характеристика темпа — это общая характеристика произношения, при которой не учитываются функциональные изменения в темпе (например, противопоставление по темпу произношения важного — неважного во фразе, замедление темпа в конце завершённой синтагмы и т.д.).

Индивидуальный темп характеризует, с одной стороны, конкретного говорящего (чьё произношение исследуется), с другой — фонетическую систему того языка, который анализируется.

Такое значительное расхождение может быть объяснено общей зависимостью следующего вида: чем больше число слогов или звуков в речевом отрезке, тем меньше их средняя длительность.

Рассмотрим более подробно общие черты изменения темпа речи — его замедления или ускорения — при чтении фраз.

Замедление темпа может осуществляться двумя способами: путём увеличения длительности звуков или ещё и путём произнесения фразы с паузами между словами. Первый способ может быть охарактеризован как замедление скорости произнесения звуков; второй — как увеличение времени, отведённого при произнесении фразы на каждое слово, т. е. смысловую единицу (при втором способе увеличение средней длительности звука также наблюдается).

Убыстрение темпа достигается путём сокращения длительности звуков (т. е. увеличением скорости артикуляции). Можно предположить, что при быстром темпе должны исчезать или сокращаться и паузы между словами, если они имеются в нормальном темпе, однако в нашем материале дикторы в этих случаях не делали пауз. Другим следствием убыстрения речи может быть исчезновение ряда звуков, часто отмечаемое в литературе; однако в нашем материале оно не встречалось.

Кроме представления об изменении средней длительности звуков в разных темпах важно ещё иметь представление о том, как в этих условиях изменяется длительность гласных и согласных.

В целом можно сказать, что при убыстрении темпа длительность согласных сокращается несколько больше, чем длительность гласных, а при замедлении — длительность гласных увеличивается несколько больше, чем длительность согласных. Однако эта общая закономерность у разных дикторов выражена по-разному: у диктора с наиболее медленным индивидуальным темпом — наиболее ярко при обоих темпах, у диктора с наиболее быстрым темпом — более ярко при замедлении, а у диктора со средним темпом — более ярко при ускорении.

В спектре каждого гласного могут быть выделены три различных участка: I — начальный переходный элемент, стационарный участок и II — конечный переходный элемент, где I — переход от предшествующего согласного к стационарной части гласного, стационарный участок — участок с постоянными частотными характеристиками, II — переход между стационарной частью и следующим за гласным согласным.

Однако не каждый гласный реально содержит все три участка. Переходные участки могут отсутствовать и при самом медленном темпе — при чтении изолированных слов, если произносится сочетание с отсутствием контраста по локусу. Отсутствие стационарного участка в большей степени зависит от темпа речи (длительности звука). При нормальном темпе оно характеризует безударные гласные, а при быстром может наблюдаться у ударных.

Оценивая реализации одного и того же гласного при трёх разных темпах речи, можно сказать, что убыстрение/замедление темпа способно привести к многообразным фонетическим вариациям звука, вплоть до их редукции (несмотря на то, что мы говорим сейчас только об ударных гласных). Действительно, влияние темпа речи на качество гласных столь вариативно, что возможно резкое изменение качественных свойств ударного гласного. Л. В. Бондарко отмечала, что в связной речи качество звуков становится весьма неопределённым, в том числе и под влиянием моделирования темпа речи. Относительные характеристики одного и того же гласного при медленном, нормальном и быстром произнесении очень напоминают относительные характеристики ударного гласного, гласного первой ступени редукции и гласного второй ступени редукции.

Для нас это важно в следующих отношениях. Прежде всего, изменение темпа может рассматриваться как модель порождения редукции. Сама возможность возникновения в ударном положении гласного, близкого фонетически к безударному, свидетельствует о необязательности постоянного выделения ударного элемента в слове, его подчинённости фонетическим характеристикам целого высказывания. Наконец, изменения спектрально-временных характеристик темпа речи также может указывать на характер коммуникативного реагирования. Темп речи, таким образом, чутко отзывается на процесс кодирования и декодирования смысловых вех в речи, поэтому при работе с иностранцами становится необходим приём моделирования и варьирования темпом речи для передачи смысла, его восприятия, чистоты фонации и т.д.

1.3.3.6 Тембр в системе просодических маркеров речи

Тембр большинство фонетистов определяют, как окраску звука, в акустическом плане это соответствующая формантная картина, характерная для той или иной артикуляции. Просодический тембр соотносится с такими оценочными характеристиками, как «скрипучий, стальной, елейный, бархатный и т. д.».

Исследования показали, что речь идёт об окраске или характере звучания голоса. Он может быть приятным, неприятным, мягким, даже бархатным, жёстким, твёрдым, визгливым и т. п. Тембр изменяется с возрастом, а также в зависимости от физического и психического состояния. Радость, ощущение полноты бытия, болезнь, усталость, подавленность заставляют по-разному звучать наш голос. Решительность, твёрдость, энергия могут стимулировать «металл» в голосе. Убеждённость, вера в правоту своего дела придают звучанию чистоту и прозрачность. Неискренность, мнимое дружелюбие, фальшивый пафос делают его елейным, приторным. Окраска звука у честных и прямодушных людей отражает их подлинные чувства.

Голос, богатый оттенками, — важная предпосылка убедительной речи. Начинающие ораторы, стремясь избежать риска, проявляют склонность к заведомому обеднению звучания своего голоса. Бывает, наоборот, говорят чересчур красиво и выразительно, что придаёт речи искусственность и высокопарность. Недостатки тембра — хрипота, гнусавость, скрипучесть — производят неприятное впечатление, осложняют общение и саму жизнь.

Окраска голоса определяется строением произносительного аппарата. Поэтому совершенно изменить ее, видимо, невозможно. Но практически каждому под силу улучшить ее. Современные подходы к природе тембра часто становятся предметом речевых технологий, проектами центров речевых технологий не только в России.

1.4 Акустические характеристики речи

При изучении просодических характеристик следует учитывать такой аспект, как собственные акустические характеристики звуков речи, т. е. частота основного тона, интенсивность и длительность.

1.4.1 Частота основного тона

Современные фонетические исследования позволяют обобщить также сведения о частоте основного тона. Наиболее подробно эта тема изложена в работе С.В. Кодзасова и О.Ф. Кривновой [Кодзасов 2001]. При речепроизводстве базовым источником звука являются голосовые связки. В качестве единственного источника они участвуют в образовании гласных и сонорных согласных. С акустической точки зрения, колеблющиеся связки представляют собой тонко управляемый механизм. Голос характеризуется как сложный периодический комплекс, который может быть представлен в виде суммы простых синусоидальных колебаний — гармоник.

Первичным источником энергии звуков, произносимых с участием голосовых связок, является работа дыхательных мышц, создающих при сокращении избыточное давление в лёгких. Создаваемый дыхательными мышцами поток воздуха прерывается в результате периодического расхождения и смыкания голосовых связок и приобретает форму дискретных толчков и импульсов.

При выталкивании воздуха мускулы грудной клетки сокращаются и для сохранения постоянства голосового усилия стремятся поддерживать постоянное лёгочное давление. Ёмкость лёгких при этом уменьшается, так что отношение запаса воздуха к ёмкости до определённого времени (то есть до конца выхода) остаётся примерно постоянным.

Голосовые связки, согласно общепринятой теории голосообразования (см. [Фант 1964]; [Rubin 1960]), не генерируют звуковых колебаний путём преобразования механических колебаний в звуковые, а только модулируют постоянный поток воздуха при выдохе, однако голосовые связки не остаются в своей массе совершенно неподвижными. Они, наряду с модулированием потока выдыхаемого воздуха, вибрируют в определённых пределах и создают дополнительные колебания, накладывающиеся на основные импульсы.

Механизм возбуждения голосовых связок объясняется вышеназванной теорией как работа механической системы, вызываемой сменой избыточного давления, воздействующего при прохождении воздуха через разомкнутые голосовые связки.

Отрицательное давление в фазе раскрытия голосовой щели прямо пропорционально подсвязочному давлению и по величине достаточно для заметного гидродинамического эффекта Бернулли.

Анализ движения голосовых связок показывает, что время, необходимое для того, чтобы связки разошлись и затем пришли в исходное состояние, то есть длительность одного цикла работы голосовых связок по времени обратно пропорционально величине подсвязочного давления и степени упругости голосовых связок и прямо пропорционально колеблющейся массе голосовых связок и тому минимальному расстоянию между связками, при котором среднее давление в голосовой щели становится отрицательным.

Следовательно, основным свойством голосового источника является периодичность создаваемого звукового эффекта. Время, необходимое для реализации одного цикла работы голосовых связок (Т0 — период колебаний голосовых связок), соотносится с величиной обратно пропорциональной величине подсвязочного давления и степени натяжения голосовых связок. Числом колебаний голосовых связок за единицу времени называется величина, обратная Т0 : F0 = 1/T0. Это величина (F0) характеризует частоту основного тона (ЧОТ), измеряется в герцах (*Гц*) [Златоустова 1986]. С точки зрения Н.Д. Светозаровой, частота основного тона является величиной, обратной периоду колебания, характеризует все периодические и квазипериодические звуки [Светозарова 1982]. По этому вопросу Л.В. Бондарко тоже высказала своё мнение, что в зависимости от скорости колебательных движений струны возникают звуки с разной частотой: медленные колебания струны производят звуки с низкой частотой, быстрые — звуки с высокой частотой. Чтобы измерить частоту звука, обычно определяют, сколько колебательных движений производит источник звука за одну секунду [Бондарко 1977]. С.В. Кодзасов отмечает, что спектр голосового источника состоит из набора простых составляющих, частоты которых относятся как целые числа. Первая гармоника голосового спектра, называемая основным тоном, имеет частоту, обратную периоду глоттальной волны, F0 = 1/T. Частота основного тона F0 называется также основной частотой голоса. В общем, частота гармоник голосового источника задаётся произведением n F0, где n — натуральное число, равное номеру гармоники в спектральном разложении глоттальной волны [Кодзасов 2001]. Все указанные учёные признают, что частота основного тона тесно связана с числом колебаний голосовых связок.

Л. В. Бондарко подробно объяснила взаимоотношение между скоростью колебательных движений и ЧОТ, но не дала конкретного толкования ЧОТа. Н. Д. Светозарова и Л. В. Златоустова отметили понятия величины ЧОТ. Если Н. Д. Светозарова в основном подчеркивала периодические характеристики ЧОТа, то Л. В. Златоустова обобщила определение величины и нашла связь времени с величиной ЧОТ. С. В. Кодзасов тоже обратил внимание на связь времени и ЧОТа. По его мнению, величина как первая гармоника голосового спектра является обратным периодом глоттальной волны. В нашей работе мы придерживаемся определения, данного Л. В. Златоустовой.

В речи увеличение уровня интенсивности голоса вызывает повышение основной частоты при условии, если не будет иметь место нормальная компенсация такого повышения вследствие уменьшения упругости голосовых связок. Понижение основной частоты может быть обусловлено в речи образованием смычки в области речевого тракта вследствие артикуляционного сужения в верхней части речевого тракта.

Периодичность колебаний голосовых связок, по существу, носит квазипериодический характер, ибо длительность каждого цикла изменяется, что воспринимается как вибрация голосового источника. Именно эти вибрации изменения ЧОТ от периода к периоду характеризуют тонкую структуру основного тона.

Причины иррегулярности F0 объясняются, в свою очередь, либо следствием изменения подсвязочного давления, либо особенностями самих голосовых связок (их упругостью, эластичностью, способностью или неспособностью к полному смыканию и т. д.). Такие особенности голосовых связок демонстрируют индивидуальные отклонения в распределении длительности периодов при произнесении различными дикторами.

В ряде исследований обнаружена зависимость значений частоты основного тона от фонетических характеристик гласных. По мнению Л. В. Златоустовой и ряда других исследователей, различия по собственной частоте гласных связаны со степенью подъёма языка. Это доказывал экспериментальный анализ, на томограмме обнаружено увеличение подсвязочного давления при произнесении [*и*] по сравнению с произнесением гласных [*а*] и [*о*], следовательно, большую собственную частоту гласного [*и*] по сравнению с гласными, [*а*] и [*о*]. Невозможно говорить [*о*] специфике ЧОТа, не указывая параметра длительности, время колебаний органично связано с понятием длительности фонации.

1.4.2 Длительность

Одним из важных акустических свойств звука является длительность. Длительность, или долгота, представляет собой продолжительность звука во времени. Многие авторы, такие как В.А. Богородицкий, Л. В. Щерба, Л. Р. Зиндер, Л. В. Златоустова, К. Болла и др., рассмотрели различную собственную длительность гласных звуков русского языка. Уровень подъёма языка и его положение по горизонтальной оси соотносится с параметром длительность гласных. Чем выше подъём языка, тем более кратким является гласный. В русском языке максимально длительным является звук [*а*], за ним следуют [*о*], [*э*], [*у*], [*ы*], [*и*]. Среди согласных глухие щелевые являются наиболее длительными. В русском языке значения собственной длительности согласных убывают в следующем порядке: аффрикаты и щелевые, глухие смычные и палатализованные, глухие смычные непалатализованные, звонкие смычные, звонкие щелевые, носовые и плавные.

Сведения о длительности тех или иных речевых отрезков, в том числе и отдельных звуков, требуют предварительной ручной сегментации речевого сигнала (на основе осциллограмм или спектрограмм). К сожалению, эти данные не могут быть в настоящее время получены автоматически из-за отсутствия достаточно надёжных автоматических методов фонетической сегментации речи.

Для языка важна соотносительная длительность звуков, т. е. взаимоотношение гласных и различных последующих согласных звуков, и участие ударения, стиля, темпа.

В одинаковых положениях длительность ударных и неударных звуков различается. Звуки в безударном положении менее постоянны в своей длительности, чем ударные, и здесь больше сказывается зависимость от стиля и темпа речи, хотя темп играет роль второстепенную, так как в одном стиле различный темп соответственно укорачивает или удлиняет звуки как неударные, так и ударные, чего нельзя сказать об изменении стиля при одном темпе, где при одинаковой длительности ударенного гласного неударенный может или сокращаться, или увеличиваться. В экспериментально-фонетических исследованиях параметру длительности всегда уделялось первостепенное значение. В частности, практиковались такие эксперименты, когда произносились слова в медленном темпе, но в разговорном стиле и/ или в полном стиле. Кривые показывают, что замедление темпа при разговорном стиле достигается главным образом за счёт удлинения ударных звуков. В полном же стиле, который характеризуется несколько большей длительностью слова, чем разговорный, удлиняется как ударный, так и неударный гласный.

Наиболее отчётливо выступают различия в длительности одного же гласного при различных последующих согласных, можно установить следующую последовательность возрастания длительности ударного гласного: самый краткий звук перед смычным глухим, затем перед смычным звонким, перед щелевым глухим, щелевым звонким, носовым, плавным спорным в русской лингвистической литературе является вопрос о влиянии предшествующего согласного на длительность последующего гласного. Мы здесь придерживаемся мнения Л. В. Златоустовой о том, что характер предшествующего согласного влияет на длительность гласного, но в незначительной степени.

Ударные конечные гласные после согласных имеют некоторое различие в длительности. Здесь примерно та же картина, что и в неударных гласных середины слова. Конечный неударный гласный в наибольшей степени зависит в своей длительности от стиля и темпа речи. Если ударный гласный даёт не вполне определённую картину длительностей, то неударный тем более. Однако и здесь, при тщательных записях слов, наговорённых в одном темпе и стиле, можно обнаружить, что самыми краткими являются гласные после смычных и щелевых глухих и несколько большую длительность дают звонкие щелевые и носовые. В разговорном стиле длительность неударных гласных в два раза меньше длительности ударных в том же положении. В полном стиле — в полтора раза. Незначительные изменения условий произношения слов с исследуемым конечным неударным гласным резко меняют его длительность.

В тех случаях, когда слово начинается с гласного без предшествующего согласного, длительность гласного ударного абсолютного начала несколько больше (для исследования брались следующие звуковые комплексы: *ода*, *ока*, *ора*, *ома*), чем ударный гласный начального слога, начинающегося с согласного. Вероятно, это следует объяснить сокращением во втором случае момента имплозии.

Назализация гласного абсолютного конца наблюдается во всех записях изолированного слова. Качество предшествующего согласного, по-видимому, не влияет на величину назализованного отрезка конечного гласного, за исключением предшествующего носового, после которого гласный назализируется весь. После неносового он обычно составляет 3/4 и 1/2 общей длительности звука для ударного гласного. Если предшествующий согласный оказывается мягким, то он даёт большую назализацию; в некоторых случаях гласный назализируется целиком.

В ряде исследований по русской фонетике даны указания на различную длительность гласных разного качества при прочих равных условиях. Это такие труды, как «Фонетика русского языка в свете экспериментальных данных» В. А. Богородицкого, «Русская просодия» И. Ф. Шарловского, «Теория русского письма» Л. В. Щербы и др. Л.В. Щерба рекомендует различать 3 случая изменения длительности гласных (но Л.В. Щерба не рассматривает длительности гласных в абсолютном начале):

1) перед смычными [*а*], [*о*], [*э*] длительнее гласных [*у*], [*ы*]. Различие это совпадает с различием открытых и закрытых гласных и, очевидно, находится с ними в теснейшей связи;

2) перед щелевыми, по данным Щербы, получается картина, которая может быть выражена следующими цифровыми

данными: [а] — 14.0, [о] — 15, [и] — 13.5, [э] — 15, [ы] — 13.8, [у] — 14.8. Примерно то же соотношение длительности узких и широких гласных обнаруживается при последующих щелевых. Л. В. Щерба связывает вопрос длительности гласных разного качества возможным глухим началом, хотя при узких гласных длительность глухого начала больше, он это объясняет мягкостью предшествующего согласного;

3) в абсолютном исходе самыми краткими являются [о], [и], самыми долгими [а], [у], средними [ы], [э], хотя Л. В. Щерба и указывает на отсутствие чёткой последовательности такого разграничения.

Длительность гласного различного качества абсолютного начала и абсолютного конца слова (ударных слогов) имеет приблизительно то же соотношение, что и длительность гласных, стоящих в середине слова.

Существенным отличием положения абсолютного конца является больший интервал между длительностью узких и широких гласных. В большинстве случаев средняя длительность [у] даёт меньшую цифру, чем [а], в других — одинаковую. Возможно, это идёт за счёт изменения темпа речи.

Но с полной уверенностью можно сказать, что [а], [о], [у], [э] более длительны [и], [ы] менее длительны. Длительность ы в некоторых случаях совпадает с длительностью [а], [у], но [а] всегда короче, примерно на 2.76 в среднем [Златоустова 1962: 38].

Вопрос о влиянии мягких согласных на длительность гласных звуков рассматривался, как мы уже отмечали, рядом учёных, например, Л. В. Щербой, В. А. Богородицким, В. П. Бесединой-

Невзоровой установившими, что гласные под влиянием мягкого согласного увеличиваются в длительности. По-видимому, для современной языковой нормы это явление перестало быть закономерностью, более старшее поколение ее еще сохраняет. Гласный закрытого слога не меняется в длительности, независимо от того, закрывается ли он одним или большим количеством согласных (слова двусложные с закрытыми слогами). Несмотря на постоянное разграничение по длительности гласного открытого и закрытого слога, можно говорить лишь об относительном сокращении гласного закрытого слога. Как видно, в литературе немало известно о природе длительности гласных в зависимости от качества соседнего согласного, но в связной речи с разным темпом произнесения эти закономерности могут проявляться по-разному и с разной силой в рамках речевого потока, поэтому возникает необходимость в комплексе рассмотреть функционирование и другого физического параметра, например, интенсивности.

1.4.3 Интенсивность

Интенсивность, наряду с длительности и частотой основного тона, известна в фонетике как просодические характеристики речи, основные физические характеристики, вторичные характеристики, в отличие от спектральных. Уровень интенсивность звука описывается как звуковая энергия, проходящая через единицу площади [Златоустова 1986]. Традиционно параметры интенсивности изучались следующим образом. При помощи микрофона измеряется звуковое давление, а величина уровня интенсивности определяется по соответствующей формуле. Интенсивность пропорциональна квадрату звукового давления [Потапова 2012]. Интенсивность определяет мощность голоса на единицу площади. При усилении голоса мощность звука соответственно возрастает [Морозов 1967]. Экспериментальные исследования показали, что диапазон интенсивности речевых звуков достаточно велик, поэтому для характеристики интенсивности применяют нормированные данные относительно полученных в результате экспериментально-фонетических исследований, хотя всегда кривая интенсивности фиксируется при анализе речи с помощью программы "Speech Analyzer". За точку отчёта обычно принимают порог слышимости звука при частоте 1 000 $Гц$. Интенсивность такого звука принята за 0 децибел ($дБ$). Диапазон интенсивности от порога ощущения до верхнего, болевого, порога составляет примерно 130 $дБ$. В обычной речи интенсивность колеблется приблизительно в пределах от 40 – 80 $дБ$. В этих пределах человек способен слышать различия в интенсивности порядка 1 $дБ$.

Проблема интенсивности была исследована в трудах таких учёных, как М.В. Ломоносов, А.Х. Востоков, А.А. Шахматов, В.В. Виноградов, Л.А. Булаховский и др., но стоит отметить, что в трудах этих учёных в основном изучалась природа семантики интенсивности. В нашей работе мы рассматриваем именно значение интенсивности звукового сигнала в живой речи. Такую работу впервые провёл В. А. Богородицкий в рамках разработанной им методики инструментального анализа звуков. В. А. Богородицкий был, как известно, создателем кабинета экспериментальной фонетики в Казанском императорском университете. Он занимался в основном исследованиями по русской фонетике и русской диалектологии, работал над анализом живого русского произношения, используя слуховые и инструментальные методы, аппаратуру того времени. В работе «Гласные без ударения в общерусском языке» он описал безударные гласные в акустическом ракурсе, что было тогда первой попыткой в России инструментального рассмотрения природы русских гласных, учёта их физических и анатомо-физиологических особенностей. В этой работе рассмотрены особенности звуков речи с использованием соматических приборов того времени (прибор амбушюр; гортанная капсула Roussillon, кимограф Вердена и др.), обозначены принципы классификации звуков речи и артикуляторного описания, приведена «Анатомо-физиологическая таблица звуков русского языка» с краткими пояснениями относительно артикуляции каждого звука. Но В.А. Богородицкий главным образом анализировал факторы реального произношения (литературная норма, диалектная). Он комплексно исследовал артикуляции русских гласных и согласных, проанализировал их различия с помощью палатограмм [Богородицкий 1930]. Изучал В.А. Богородицкий и характерные тоны гласных, используя нотные обозначения, амбушюрные графики слов. Основная ценность трудов В.А. Богородицкого состоит в комплексном описании звуковой системы русского языка и анализе с опорой не только на слуховые впечатления автора, но и в большинстве случаев на инструментальный анализ. В монографии «Фонетика русского языка в свете экспериментальных данных» он обобщает результаты проведённых им экспериментальных исследований [Богородицкий 1930], представляющие научный интерес до сих пор.

На интенсивность гласных оказывает влияние ряд речевых факторов; конкретное значение интенсивности звука, его позиция в речевой цепи, конкретный фонетический контекст, индивидуально или ситуативно обусловленный уровень громкости, интонационные особенности высказывания и, наконец, регистры эмоционально-экспрессивного плана. При изучении интенсивности необходимо учитывать все эти моменты.

Основная функция интенсивности заключается в динамическом выделении отдельных элементов речевой цепи. Обычно выделенная часть характеризуется наличием нескольких усиленных областей в кривой интенсивности. Но стоит сказать, что усиление интенсивности слогов не обязательно отмечается в положении под ударением. Известно, что интенсивность возрастает с увеличением общего эмоционального напряжения говорящего в речи. Позитивные эмоции обычно характеризуются повышением, а отрицательные и пассивные — понижением общего уровня кривой интенсивности.

В нашей работе мы рассмотрим именно динамические характеристики гласных в русской речи китайцев. По экспериментальным данным Л. В. Златоустовой, показатели интенсивности звуков русского языка могут быть систематизированы в следующем виде: в односложных словах гласные [а], [у], [о], [э] (после твёрдого согласного), ы имеют близкую интенсивность, гласные [и], [э] (между мягкими согласными) слабее первой группы. А в других словах интенсивность гласных в основном зависит от их позиции в слове. Как правило, в начале слова наблюдается повышение интенсивности, кривая интенсивности имеет высокие значения амплитуды. Наверное, важно отметить, что артикуляционные характеристики гласных по подъёму образования также имеют определённую корреляцию с интенсивностью, т. е. открытость/закрытость звуков влияет на величину интенсивности. Движение интенсивности гласных в открытом слоге имеет характерный спад перед согласным звуком, в закрытом слоге этот спад не наблюдается или наблюдается в значительно меньшей степени.

Интенсивность во фразе неизбежно коррелируется с мелодикой фразы. Каждое предложение повествовательной фразы характеризуется нисходящим движением интенсивности, чаще оно бывает восходяще-нисходящим, но восходящий момент незначителен, часто отмечаются случаи монотонности кривой интенсивности. По-видимому, в условиях фонофразы более действен фактор усиления начала. Начало слова характеризуется более высокой амплитудой кривой интенсивности, более постоянном в своём диапазоне интенсивности, то же самое наблюдается во фразе.

Таким образом, интенсивность достаточно значима при освещении специфики просодии речи, поэтому во всех экспериментальных исследованиях последних лет ей уделяется большое внимание, тем более что современные компьютерные технологии способствуют большей объективности полученных данных.

1.5 Функция просодии

Типология функций просодии так или иначе соотносится со смысловым ракурсом высказывания, коммуникативными намерениями участников акта речи, их пропозициями, спецификой их речевого поведения и т.д. В теории просодии речи, естественно, разработана и типология функций просодии. В прикладном языкознании принято считать, что характерными функциями просодии являются коммуникативная, эмоционально-модальная, структурирующая, ритмическая, стилеобразующая и др. Наиболее полно изучены коммуникативный аспект просодии, структурирующая функция просодии, связанная с ее способностью формировать структуру текста, наименее — эмоционально-модальная, ритмическая и стилеобразующая функции. Следует сказать, что перечисленные функции просодии тесно взаимосвязаны. Их разграничение носит относительный характер. При изучении просодии исследователь имеет дело с одним и тем же набором просодических характеристик, их функциями, которые, как правило, изучаются с различной степенью детализации, в разном объёме и наборе. Важное место, считаем мы, занимает изучение просодии русской речи китайских учащихся. Природа просодии речи такова, что необходимо дифференцировать её понятийный аппарат в зависимости от объекта и установок исследования. До сих пор в прикладной фонетике возникают разночтения по поводу понятий *просодия*, *просодика*, *просодемика*. Попытаемся дать краткий обзор этих дефиниций.

1.6 Просодия, просодика и просодемика

Детальное описание этих сущностей можно найти в работах Р. К. Потаповой, В. В. Потапова. Они наиболее последовательно соотносили эти понятия между собой, уточняя их статус в рамках речи и акустических описаний. В их исследованиях просодия относится к субстанциональному понятию, которое выступает как физические средства реализации звучащей речи. Важно отметить, что просодия включает только те акустические средства, которые относительно независимы от собственной артикуляции речевого сегмента. Характеризуя просодию звучащей речи, исследователи обращаются к таким средствам актуализации речевой цепи, как частота основного тона, интенсивность, длительность [Потапова 2012: 127].

Они также полагают, что закреплённость этих характеристик за субстанциональной сферой объекта позволяет отграничивать функциональные аспекты последнего: конститутивный, рекогнитивный, делимитативный, кульминативный, дистинктивный (дифференциальный), эмотивный, эмотивно-модальный и др. [Потапова 2012: 128]. Соответственно, они утверждают, что функциональная сфера включает употребление терминов *просодика* и *просодемика*. Чёткое разграничение этих терминов обусловлено наличием семиологической функции, как просодика, так и просодемика формируются посредством просодии — универсального средства актуализации звучащей речи [Потапова 2012: 128]. В свою очередь, просодика характеризуется особенностями реализации слога в потоке речи, спецификой организации слоговой последовательности в определённое структурное ритмомелодическое единство. В терминах просодики осуществляется описание: индивидуальной просодики говорящего (индивидуального покроя слога, индивидуальной манеры структурирования слоговой цепи); языковой просодики говорящего (покроя слога и структурирования слоговой цепи, обусловленных спецификой фонетической базы того или иного языка) [Потапова 2012: 128].

Приходится констатировать, что индивидуальная просодика говорящего допускает относительно широкий диапазон варьирования и позволяет, несмотря на это, достаточно однозначно и идентифицировать говорящего. Приходится также отмечать, что в противоположность этому языковая просодика характеризуется более узкими границами вариативности, выход за пределы которых порождает различного рода отклонения от кодифицированной нормы произношения в рамках того или иного языка [Потапова 2012: 129].

Таким образом, просодика позволяет, с одной стороны, идентифицировать говорящего в индивидуальном плане, с другой — идентифицировать говорящего по признаку языковой принадлежности. В связи с этим можно утверждать, что просодике присущи все семиологически нерелевантные функции.

Инструментальные технологии позволяют в терминах просодемики описывать семиологически релевантные явления звучащей речи. При этом такие функции, как делимитативная и кульминативная, в зависимости от фактора семиологической релевантности могут быть отнесены как к просодике, так и к просодемике.

Эмотивная и эмотивно-модальная функции занимают обособленную позицию по отношению к той или другой сфере описания звучащей речи [Потапова 2012: 129]. Такова краткая динамика описания этих понятий, крайне значимых для последующего рассмотрения глубины просодии речи, без которого результаты просодической формализации будут недостоверными.

1.7 Краткая история инструментальных исследований на материале китайского языка

Экспериментальная фонетика китайского языка стала развиваться с 1930-х годов. Главными представителями являются Юл Фу («四声实验录 «Экспериментальные записи о четырёх тонах» (1924)), Ван Ли («博白方音实验录 «Экспериментальные записи о Бобай диалекте» (1931)), Чао Юаньжень («国语新诗韵 «Просодические особенности стихотворения китайского литературного языка»), У Цзунцзи («谈谈现代语音实验方法 «Современная методология экспериментальной фонетики», «一种分析语音的重要仪器——语图仪综述 «Важный прибор для анализа речи — осциллограмма», «普通话语调的实验研究——兼论现代汉语语调规则问题 «Экспериментальный анализ тонов в китайском литературном языке — правила тонов» и т. п.). Лю Фуи, Ван Ли проводили эксперименты с применением мареевских барабанчиков и писчиков рисунков волны для рассмотрения тона китайского языка, когда они учились во Франции. Следует сказать, что аналогичная методика также применялась и В. А. Богородицким в Казанском университете. Их разработки впервые показали акустическую сущность тона: тон в китайском языке по сути является результатом взаимодействия интенсивности и частоты тона. Также они активно занимались проблемами китайской диалектологии в провинциях Шань Хай, Гуандун, Хубэй и Хунань, используя экспериментальные приборы. Лю Фу в это время разработал своего рода линейку для исчисления тона (В.А. Богородицкий демонстрацию тона голоса ещё передавал с помощью нотной записи), Чао Юаньжень в городе Нанкин создал первую экспериментальную лабораторию с техникой международного уровня того времени. Ло Чанпэй в Пекинском университете также основал лингафонный кабинет, который был оснащён полным комплектом по применению и изучению звуков речи, что позволяет не только визуально наблюдать различные виды волновых моделей, но и способствует анализу определённых физиологических аспектов речи. Они также сотрудничали с Академией наук, создали трубку тонометра. После образования Китайской Народной Республики инструментальные исследования в рамках Академии наук были успешно продолжены.

В середине 1950-х годов с целью распространения китайского литературного языка, его орфоэпических норм стали интенсивно создаваться экспериментальные лаборатории с различным программным инструментарием, разным аппаратным оснащением, что позволяло в комплексе проводить широкие экспериментальные исследования на стыке не только акустики речи, но и физиологии, орфоэпии и т. д. Экспериментальная фонетика начала активно развиваться, совершенствовать как понятийный аппарат фонетики китайского языка, так и принципы, методологию исследования.

После 1970-х годов некоторые отечественные университеты в связи с усовершенствованием лингводидактических основ фонетического обучения создали экспериментальные лаборатории при кафедрах китайского языка, здесь стоит упомянуть такие университеты, как Пекинский университет, Пекинский педагогический университет, Шанхайский Восточно-Китайский педагогический университет и др. Кроме того, развитие технологии изучения акустических механизмов порождения речи, распознавания речи в разных вокодерных системах и системах телефонии вызывало также немалый интерес к экспериментально-фонетическим исследованиям в области прикладной фонетики у специалистов инженерной лингвистики.

С фонетической точки зрения в потоке речи слог является минимальной единицей, которая распадается на более мелкие составляющие элементы согласно слуховому восприятию.

Структура слогов в китайском языке заметно отличается от структуры в русском языке. В китайском языке количество звуков в слоге не превышает четырёх. Звуки в составе китайского слога размещаются в строгом порядке. Каждый звук занимает только отведённое ему место. В пределах одного китайского слога возможно сочетание гласных, но невозможно сочетание согласных. В китайском слоге полного состава на первом месте стоит согласный звук, за ним следует неслогообразующий гласный и в конце слога расположен полугласным или носовым сонантом (переднеязычный или заднеязычный). Таковы, например, слог *kuan*, где на первом месте стоит согласный *k* соответственно на втором месте неслогообразующий гласный *u*, на третьем — слогообразующий гласный *a* и в конце стоит сонант *n*. Даже в условиях строгой фиксированности не все звуки китайского языка, входящие в состав слога, могут сочетаться друг с другом. Например, существуют слоги *fa*, *li*, но не встречается слог *fi*, *fui*. Такие слоги могут быть встречаться только в диалекте. Число реально существующих слогов более 400.

Звуковая сторона языка — это его материальная оболочка, благодаря которой и может происходить общение между людьми. Таким образом, звуки речи выполняют определённую функциональную роль. Причём функциональная значимость звуков в языке бывает неодинаковой. Одни звуковые различия являются более существенными в речи, другие — менее существенными.

Китайский язык в этом отношении занимает совершенно особое положение. Отличительные особенности структуры слогового характера языка накладывают определённый отпечаток на принципы выделения минимальных фонетических единиц китайского языка. В китайском языке такой единицей, которая может иметь то или иное значение, т. е. функционировать в качестве слова или морфемы (минимально значимый элемент языка), является не отдельный звук (фонема), а тональный слог, который обычно принято называть силлабемой, или слогофонемой. Следует отметить, что для выделения звука в автономную единицу должны быть не просто фонетические, а лингвистические основания. В связи с этим вопрос о дальнейшей членимости китайского слога на более мелкие фонологически значимые единицы требует совершенно иных критериев, иного подхода, чем при рассмотрении аналогичного вопроса в русском языке. В результате проведённых исследований по уровневым языковым фактам, данным исторической фонетики китайского языка, экспериментальному анализу и диалектным записям были получены такие сведения, что китайский слог может быть расчленён на структурные элементы иного уровня: инициал (начальный согласный) и финаль (остальная часть слога). Финаль состоит из медиали и субфинали. Субфиналь при иных методах анализа подразделяется на централь и терминал. Итак, деление слога можно представить так: инициаль, финаль, медиаль, субфиналь, централь, терминаль. Для разработки современных фонетических исследований такое понимание природы слога следует признать наиболее оптимальным.

1.7.1 Тон. Сущность тона в китайской фонетике

Тон в китайском языке играет смыслоразличительную роль, как и звук. Одинаковый слог под разными тонами передаёт совершенно различные слова. Возьмём, например, слог *ма*. В китайском языке слог *ма*, произнесённый с высоким ровным тоном, означает 'мать', с восходящим — 'вид растения', с низким и в конце с восходящим — 'лошадь', а с нисходящим — 'ругать'.

В свете современных фонетических исследований считается, что тон (мелодическая характеристика китайского слога) акустически присущ не слогу в целом, а финали.

В отличие от линейных единиц — звуков, которые относятся к сегментным единицам, тон воспринимается как суперсегментная единица. Термин «тон» обычно понимается с двух сторон: в узком смысле тон обозначает частотную характеристику слога, его мелодическую окраску. В широком смысле в понятие тона включают совокупность ряда взаимосвязанных акустических признаков, таких как *регистр*, *частотный диапазон*, *распределение интенсивности внутри финали*, *длительность*, *качество слогообразующего гласного*, *фарингализация*. Все эти понятия сейчас активно изучаются с применением новых информационных технологий. Это всё имеет и прикладное значение для решения вопросов кодирования и декодирования смысла речи, особенно в связи с активизацией процесса обучения китайскому языку иностранцев.

1.7.2 Ударение, его специфика в китайском языке

Ударение можно в общем охарактеризовать как выделение

каким-либо физическим образом тех или иных элементов речи. Китайский язык в этом отношении находится в особом положении. Музыкальный тип ударения исключён самой природой языка, его тональной системой, выполняющей в языке фонологическую роль. Как показали исследования, в китайском языке ударение главным образом отражается в длительности финали ударного слога и его интенсивности в качестве сопутствующего фактора.

Принято считать, что в китайском языке имеется три степени ударности слога: сильноударный слог произносится с наибольшей длительностью, и тон слышится наиболее отчётливо; слабоударный слог произносится с меньшей длительностью, но уже и тон слышится с меньшей отчётливостью; безударный слог произносится наиболее кратко, и тон при этом полностью нивелирован.

Это в некоторой степени подтверждается экспериментальной работой, которая приходит к выводу, что в китайском слове с двумя полными тонами оба слога получают ударение; при этом в одной категории слов оба слога оказываются равноударными, в другой категории наблюдается преобладание одного из слогов. В отличие от двухсложных слов с конечным безударным слогом, где преобладание ударного слога постоянно выражено не только длительностью финали, но и её интенсивностью, в словах с двумя полными тонами, где оба слога получают ударение, противопоставление слогов по степени ударенности выражается в основном длительностью. Интенсивность же в данном случае является лишь факультативным выделительным фактором.

Обычно говорят, что безударный слог в китайском языке произносится в лёгком, или нулевом, тоне. Целесообразно подробнее остановиться на этом явлении и попытаться определить его акустические характеристики. Акустически лёгкий тон реализуется по-разному. Его высота и направление, которые не совпадают, кстати, ни с одним из полных тонов, прежде всего зависят от тона предшествующего слога. Заметим, что лёгкий тон, кроме мелодики, одновременно лишается и прочих характеристик, свойственных тону в полной его реализации: он теряет интенсивность, сокращается по длительности, а безударный гласный нередко редуцируется. Лёгкий тон не является особым тоном. Это реализация полного тона в безударном слоге, в связи с чем его следовало быть называть редуцированным. Фонетические и слуховые исследования указывают на то, что три степени ударности слога наиболее чётко реализуются в двухсложных словах, где можно выделить четыре комбинации ударного (сильноударного и слабоударного) и безударного слога (примеры были расшифрованы с использованием фонетической транскрипции китайского литературного языка — пинин):

1) сочетание ударного слога с безударным, например: *gēge* 'брат', *kuàihuo* 'весёлый', *yǐzi* 'стул';
2) сочетание сильноударного слога со слабоударным, например: *zhōngguó* 'Китай', *dǎngyuán* 'член партии', *fùmǔ* 'родитель';
3) сочетание слабоударного слога с сильноударным, например: *xuéxiào* 'школа', *hēibǎn* 'чёрно-белый', *qiānbǐ* 'карандаш';
4) сочетание равноударных слогов, например: *duōshǎo* 'много' или 'мало', *dàxiǎo* 'большой' или 'маленький'.

Наиболее распространёнными типами ударения в двухсложных сочетаниях считаются первый и третий, реже всего встречается последний тип. Напоминаем, что приведённые выше комбинации ударных и безударных слогов встречаются только в изолированных словах и словосочетаниях. Совершенно иное положение возникает тогда, когда они оказываются в потоке речи, где влияние фразового ритмического ударении нередко приводит к смещению места ударения в слове или словосочетании.

Как уже отмечалось, наиболее отчётливо тон слышится в сильноударных слогах. Это значит, что между ударением и тоном имеется непосредственная связь. Следовательно, смыслоразличительную роль тон играет не сам по себе, а лишь в тесной связи с ударением, благодаря которому он и произносится с соответствующей мелодикой, длительностью и качеством слогообразующего гласного.

Правильная постановка ударения в словах или в двусложных словосочетаниях не менее важно, чем правильное произношение тона. В потоке речи слова или словосочетания, произнесённые с неправильным ударением, будут затруднять понимание сказанного, а порой приведут к искажению смысла.

В русском языке существуют некоторые пары слов, которые различаются только местом ударения. Напр. *му́ка — мука́*, *пла́чу — плачу́*. Это немногочисленные примеры фонологической роли ударения в русском языке.

Аналогичные примеры можно найти и в китайском языке. Мена места ударения может привести к изменению смысла. В качестве доказательства этой тенденции можно привести следующие примеры. С изменением места ударения первоначальное слово становится словосочетанием. Например, *dōngxi* 'вещь', а *dōngxī* 'восток и запад'; *jǐjiao* 'рога', а *jǐjiǎo* 'угол (комнаты)'.

В многосложных сочетаниях возможны три степени ударения.

Основное, или главное, ударение падает на конечный слог, характеризующийся наибольшей длительностью финали. Начальный слог является слабоударенным. Что же касается среднего слога, то он может быть таким же слабоударенным, как начальный, либо безударным. В многосложных словах принято считать, что ударение падает на первый и последний слоги, прочие слоги произносятся со слабым ударением. Например: *lǚxíngjiā* 'путешественник'; *liúxuéshēng* 'студент, обучающийся за границей'; *jìshùxuéxiào* 'школа-интернат'; *shèhuìzhǔyì* 'социализм'.

1.7.3 Сопоставительный анализ вокализма русского и китайского языков

В русском литературном языке существует 6 ударных гласных звуков (согласно версии Санкт-Петербургской фонологической школы): [*а*], [*и*], [*у*], [*э*], [*о*], [*ы*]; как известно, разночтения связаны со статусом гласного [*ы*]. Они образуются без наличия преграды, воздушная струя свободно проходит через ротовую полость. Традиционно, как принято в артикуляционной фонетике, гласные классифицируются по следующим признакам:

— по ряду (в зависимости от положения языка в горизонтальной плоскости): гласные переднего ряда [*и*], [*э*]; гласные среднего ряда [*ы*], [*а*]; гласные заднего ряда [*у*], [*о*];

— по степени подъёма языка к нёбу (в зависимости от положения языка в вертикальной плоскости): гласные верхнего подъёма [*и*], [*ы*], [*у*]; гласные среднего подъёма [*э*], [*о*];

гласные нижнего подъёма [а];

— по наличию или отсутствию лабиализации, т. е. степени участия губ: гласные лабиализованные [у], [о]; гласные нелабиализованные [и], [ы], [э], [а].

Эта артикуляционная классификация гласных русского языка отражена в Грамматике – 80, в работах Л. Л. Касаткина, Л. В. Бондарко и др.

Традиционно артикуляторные признаки русских гласных представляют в виде треугольника:

В отличие от русского языка, в китайском литературном языке имеются 9 гласных звуков (монофтонгов): *a*, *o*, *e*, *ê*, *i*, *u*, *ü*, *-i* (перед.), *i*-(зад.). Эти гласные учитывают положение тела языка в ротовой полости в передне-заднем и в верхне-нижнем положениях. В зависимости от положения языка и губ гласные в китайском языке различаются по следующим группам:

— по ряду (в зависимости от положения языка в горизонтальной плоскости): гласные переднего ряда *i*, *ü*; гласные среднего ряда *a*; гласные заднего ряда *u*, *o*, *e*;

— по степени подъёма языка к нёбу (в зависимости от положения в вертикальной плоскости): гласные верхнего подъёма *i*, *ü*, *u*; гласные среднего подъёма *e*, *o*; гласные нижнего подъёма *a*;

— по наличию или отсутствию лабиализации, т. е. степени участия губ: гласные, лабиализованные *ü*, *u*, *o*; гласные нелабиализованные *i*, *e*, *e̊*, *a*.

В зависимости от формы языка китайские гласные различаются ещё по следующим признакам: среднеязычные гласные *i*, *ü*, *a*, *ê*, *u*, *o*, *e*; апикальные гласные *-i* (перед.), *i-*(зад.). Заметим, что в китайском языке, относящемся к китайско-тибетской языковой группе, 35 гласных звукотипов, причём 24 из них являются дифтонгами и трифтонгами. Традиционно артикуляторные признаки китайских гласных представляют в виде четырёхугольника.

В китайской лингвистике принято считать, что кардинальными гласными являются следующие восемь: гласные переднего ряда *i*, *e*, *a*, *ɛ* и гласные заднего ряда *u*, *o*, *ɑ*, *ɔ*. Эти гласные служат критериями для систематизации гласных любого языка при сопоставлении с гласными других языков. Эта система разработана известным английским учёным Д. Джонсом.

Сравнивая русские ударные гласные с китайскими на основе восьми кардинальных гласных, мы пришли к следующим выводам:

1) в китайском языке нет звука [ы];

2) для русских гласных [и], [у], [э], [о], [а] можно найти в китайском литературном языке близкие звуки *i*, *u*, *ê*, *o*, *a*;

3) но говорить о полном их орфофоническом совпадение не приходится.

Следует сказать, что среди этих звуков существуют и различия, которые важны для правильного произношения русских гласных. Отметим основные различия. Так, русские лабиализованные звуки [у] и [о] произносятся с более напряжённой артикуляцией губ, т. е. при произнесении русских лабиализованных [у] и [о] губы выпячены и округлены сильнее, чем при произнесении китайских *и* и *о*. Русский гласный [*и*] имеет более открытую переднюю артикуляцию, чем китайский гласный *i*. Русский гласный [*э*] имеет более открытую и передне-заднюю артикуляцию, чем китайские гласные *ê*. Русский гласный [*а*] более закрытый, чем китайские гласные *а*.

Соотношение русских и китайских гласных по артикуляторным признакам (в квадратных скобках — русские гласные, в овальных — китайские). Таким образом, очевидно, что анатомо-физиологические особенности китайских гласных могут составить определённую трудность при освоении русского вокализма, т. е. это один из факторов, приводящих к интерференции в области системы гласных, а также влияющих на просодию звучащей речи.

1. 7. 4 Особенности редукции гласных в русском и китайском языках

Качественные и количественные изменения звуков в потоке речи зависят не только от комбинаторики, но и от других факторов, таких, в частности, как ударение и темп речи. Звук, находящийся под ударением, имеет более энергичную и более чёткую артикуляцию, чем звук, находящийся в безударном положении. То же можно сказать и о темпе речи.

В китайском языке качественные и количественные изменения гласных и согласных (редукция), как правило, связаны с безударным типом слога и нулевым тоном, с которым он произносится. При редукции наблюдается трансформация гласных в неопределённые типы, произносимые с нейтральным положением языка. Открытые гласные становятся более закрытыми. В отдельных случаях происходит их делабиализация, уменьшается общая напряжённость органов речи. В русском языке имеет место качественная и количественная редукция в зависимости от природы гласных; открытые гласные претерпевают качественные изменения, гласные верхнего подъёма — количественные. Различают также две степени редукции на базе литературного языка в зависимости от типа безударной позиции, в диалектной речи градация степеней редукция более многоступенчатая. Т. к. сущность редукции гласных в китайском и русском языках действует на разных механизмах, то это необходимо учитывать при постановке стандартов русского вокализма в китайской среде, тем более что это органично связано с просодическими механизмами речи, о чём и пойдёт речь в дальнейшем.

1.8 Изучение просодии речи в прикладной фонетике

Речевая деятельность — одна из сложнейших видов деятельности человека, включающая в себя целый ряд процессов, природа которых стала понятной сравнительно недавно в результате проведения комплексных разысканий на стыке ряда наук. Следует отметить, что исследования, относящиеся к такому объекту, как речь, проводятся уже давно в рамках различных дисциплин: психологии, физиологии, фонетики и т. д. Однако в общем разделе фонетики механизмы инструментальной фонетики оказали большое влияние на динамику исследования речи. Инструментальная, т. е. экспериментальная, фонетика является разделом общей фонетики, в которой изучают звуки и другие единицы, явления экспериментальным путём. Экспериментальная фонетика, как известно, возникла в конце XIX века. Как мы уже отмечали, в России родоначальником инструментальных исследований был В. А. Богородицкий. Деятельность учёного развивалась под влиянием экспериментальной психологии и физиологии, благодаря чему была установлена возможность надёжных измерений звуковых явлений языка.

В.А. Богородицкий — российский лингвист, один из выдающихся представителей Казанской лингвистической школы. В 1880 г. В. А. Богородицкий впервые провёл экспериментально-фонетическое исследование в Казанском университете. В созданном им кабинете экспериментальной фонетики В. А. Богородицкий занимался в основном исследованиями по русской фонетике и русской диалектологии, работал над анализом живого русского произношения, используя слуховые и инструментальные методы. Есть сведения, что в этот кабинет заходил великий татарский поэт Г. Тукай, он прослушивал записи народных песен того времени.

В таком труде, как «Гласные без ударения в общерусском языке», В. А. Богородицкий обосновал и реализовал на практике технологию изучения безударных гласных в акустическом ракурсе, что было осуществлено впервые в России. В этой работе, как известно, были описаны особенности звуков речи с применением слуховых и инструментальных приёмов, рассмотрены с использованием соматических приборов общие принципы артикуляторной систематизации и классификации звуков речи, соответственно была дана «Анатомо-физиологическая таблица звуков русского языка» с пояснениями относительно артикуляции каждого звука. Но основные интересы В. А. Богородицкого были связаны с анализом фонетических единиц и явлений в так называемом живом языке (тем более что его учитель И. А. Бодуэн де Куртенэ рекомендовал использовать факты речи в самом разнообразном виде: в состоянии усталости, болезни, эмоционального возбуждения и т. п.). В. А. Богородицкий комплексно исследовал артикуляции русских гласных и согласных, одним из первых в России использовал методику соматического и акустического анализа звуков русского языка, иногда сопоставляя их с европейскими и татарским языками, он сумел проанализировать их различия с помощью технологии палатографии [Богородицкий 1930]. Анализировал В. А. Богородицкий и характерные тоны гласных, используя нотные обозначения. Как мы можем отметить, основная ценность трудов В.А. Богородицкого состоит в разностороннем описании звуковой стороны русского языка и анализе проблем общей фонетики с опорой не только на слуховые впечатления автора, но и в большинстве случаев на инструментальный анализ. Позднее в своей монографии «Фонетика русского языка в свете экспериментальных данных» он обобщает результаты проведённых им экспериментальных исследований [Богородицкий 1930], что представляет научный интерес и сегодня. Хотя в работах В. А. Богородицкого отсутствует развёрнутый фонологический подход, но это не уменьшают значимости его вклада в лингвистическую науку, особенно в теоретическую и прикладную фонетику. Результаты современных инструментальных технологий позволяют охарактеризовать В. А. Богородицкого как основоположника таких ракурсов описания фонетической системы языка, как артикуляционной базы языка, динамики варьирования голосовых характеристик в норме и патологии, слуховой идентификации говорящего, социолингвистической маркированности речи, влияния физического и психического напряжения на звукообразование в речи, этноязыкового и гендерного факторов в изучении звуков речи и т.д.

Необходимо упоминать ещё одного известного учёного по теоретической и прикладной фонетике — Л. В. Щербу, который продолжал традиции В. А. Богородицкого в Лаборатории экспериментальной фонетики Петербургского университета в 1899 г. Именно Л.В. Щерба, являясь одним из талантливейших учеников И. А. Бодуэна де Куртенэ, обосновал понятие фонемы и фонологические механизмы русской фонологии. Хотя теория фонемы была впервые обозначена в трудах И. А. Бодуэна де Куртенэ, но именно Л. В. Щерба дал последовательное изложение фонологической теории языка.

Научные интересы Л. В. Щербы как ученика И. А. Бодуэна де Куртенэ были также разнообразны. Чрезвычайно большое внимание он уделял прежде всего проблемам эксперимента в языковых исследованиях; с применением технических средств описал природу русских гласных в качественном и количественном планах, углубил теорию фонологии именно в функциональном ракурсе, соответственно, творчески подошёл к рассмотрению методологий обучения иностранным языкам, одним из первых многое сделал в разработке основ учения о стилях речи (полный и неполный стили). Базовые положения его фонетической теории языка можно обнаружить в таких работах, как «Русские гласные в качественном и количественном отношении», «Восточно-лужицкое наречие», «Фонетика французского языка», «Избранные работы по языкознанию и фонетике», «Языковая система и речевая деятельность», «Теория русского письма».

В работе «Русские гласные в качественном и количественном отношении» Л. В. Щерба даёт окончательное определение своего представления фонемы: «фонемой называется кратчайшее общее фонетическое представление данного языка, способное ассоциироваться со смысловыми представлениями и дифференцировать слова и могущее быть выделяемо в речи без искажения фонетического состава слова» [Щерба 1912: 155]. Он выделяет и обобщает оттенки фонемы, которые в настоящее время называются аллофонами. Л. В. Щерба приводит множество примеров, показывающие оттенки одной фонемы, которые в другом языке могут оказаться разными фонемами.

В разделе акустической лингвистики, чтобы описывать характеристики русских гласных, Л. В. Щерба определяет сущность артикуляции на основе результатов разнообразных опытов с применением существовавших в то время инструментальных методик. Он описывает длительность русских гласных в разных фонетических условиях и приходит к выводу, что безударные гласные по сравнению с ударными отличаются ненапряжённостью и слабостью артикуляции. Ударные гласные в целом в полтора раза длительнее безударных.

Как мы уже отмечали, Л. В. Щерба продолжил и существенно расширил горизонты теоретических положений своего учителя И. А. Бодуэна де Куртенэ. В работах «О трояком аспекте языковых явлений и об эксперименте в языкознании», «Памяти учителя И. А. Бодуэна де Куртенэ» Л. В. Щерба обосновывает необходимость и возможность эксперимента в исследовании устной и письменной речи. Такая точка зрения в значительной степени стимулировала экспериментально-фонетические исследования в языкознании. После смерти Л. В. Щербы идеи фонологии развиваются его учениками М. И. Матусевич, Л. Р. Зиндером, а также Л. В. Бондарко, Л. А. Вербицкой, Н. Д. Светозаровой и другими представителями Санкт-Петербургской фонологической школы.

Развитие инструментальной фонетики продолжалось также и в Москве. Чтобы максимально обеспечить точность приёмов регистрации и анализа звуков речи, в 1927 г. была основана Лаборатория экспериментальной фонетики и психологии речи 1-го Московского государственного педагогического института иностранных языков. В 1929 г. лаборатория была передана научно-исследовательскому институту языка при Российской ассоциации научно-исследовательских институтов общественных наук. В 1931 г. лаборатория перешла в ведение Московского института новых языков, сотрудниками лаборатории использовались разные экспериментальные методы в исследовании речевой деятельности человека, в том числе с помощью таких приборов, как катодный осциллограф, электродинамический рекордер, рентгенограф, станок для записи речи на пластинку, кимограф, спектрограф и т. п. До этого учёные проводили эксперименты в основном с помощью пневматической технологии. Об этом можно узнать из работ В.А. Артёмова. Стоит упомянуть и о его вкладе в становление и развитие экспериментальной/инструментальной фонетики.

В.А. Артёмов был одним из ведущих руководителей лаборатории Московского института. Под его руководством были разработаны методы структурно-функционального анализа интонации и речевых особенностей русского и иностранных языков, создана соответствующая электроакустическая аппаратура [Артёмов 1956]. В лаборатории осуществлялись комплексные исследования с участием специалистов по психологии речи, фонетистов, языковедов, акустиков, инженеров связи. Это позволило установить, как в речи человека проявляются системные особенности языка, психические и личностные качества человека и т. д. В. А. Артёмов разработал коммуникативную теорию речи, положенную в основу созданной им теории обучения иностранным языкам [Артемов 1966].

Кроме указанных учёных, существуют ещё другие исследователи, которые внесли вклад в развитие экспериментальной/прикладной фонетики — к примеру, А. И. Томсон, русский языковед, член Всеукраинской научной ассоциации востоковедения в Харькове. Он являлся учеником Ф.Ф. Фортунатова и Ф.Е. Корша. На него оказали влияние идеи формальной лингвистики, разрабатываемые представителями Московской лингвистической школы. А. И. Томсон создал при

Новороссийском университете в Одессе кабинет экспериментальной фонетики. Основные его труды по общему и сравнительному языкознанию, армянскому языку, исторической фонетике, славянским языкам, орфографии русского языка, экспериментальной фонетике: «Лингвистические исследования», «Историческая грамматика современного армянского языка Тифлиса», «Лингвистические исследования», «К синтаксису и семасиологии русского языка», «Фонетические этюды», «К вопросу о возникновении родительного, винительного падежей в славянских языках».

В настоящее время экспериментальная прикладная фонетика развивается в сторону активных разработок фонологии речевой деятельности, основ речевой коммуникации, прикладного речеведения и т. д. Интерес учёных к исследованию звуковой речи с помощью современных технологий никогда не прекращался. Но электронно-акустическая аппаратура постоянно совершенствуется, поэтому и возрастают возможности экспериментальных технологий, уточняется методология научного поиска в фонетике. Л. В. Златоустова и Р. К. Потапова демонстрируют высокую степень и надёжность методов и методологий прикладных речеведческих разработок.

Л. В. Златоустова была профессором кафедры теоретической и прикладной лингвистики филологического факультета Московского государственного университета им. М. В. Ломоносова. Её главные достижения представлены в области акустической и перцептивной фонетики, сопоставительной просодии языков разного строя, исследования проявлений эмоций в звучащей речи, фонетики певческой речи, автоматического распознавания и лингвистической экспертизы речи, разработки компьютерных учебников. Л. В. Златоустова в 50-е годы XX века воссоздала в Казанском университете лабораторию экспериментальной фонетики, научным руководителем в дальнейшем была З. М. Альмухамедова, под её руководством изучалась просодия русских народных говоров. Говоря о значимости и совершенстве инструментальной методологии фонетических исследований под руководством Л. В. Златоустовой, мы хотим воздать дань уважения этому учёному и одновременно указать на незатухающий интерес к разработкам в области экспериментальной прикладной фонетики в КФУ. Хочется также упомянуть основные труды Л. В. Златоустовой, такие как «Фонетическая природа русского словесного ударения», «Об особенностях восприятия длительности, силы и напряжённости ударных и неударных звуков русского языка», «Некоторые замечания о длительности гласных звуков в болгарском языке», «Методы исследования акцентологии», «Акустические параметры временной организации фонетического слова», «Прикладное языкознание — народному хозяйству», «Компьютерные учебники русского и английского языков, основанные на методике контрастивного анализа», «Принципы формирования базы данных просодических единиц русской речи», «Русское слогоделение и учение И.А. Бодуэна де Куртенэ об антропофонических единицах» и др.

Р. К. Потапова в настоящее время — заведующая кафедрой прикладной и экспериментальной лингвистики, директор Института прикладной и математической лингвистики МГЛУ. Р. К. Потапова стояла у истоков развития фундаментального и прикладного речеведения, теоретической и прикладной лингвистики и фонетических проблем романо-германского языкознания. Основные её труды посвящены проблематике речевой деятельности: «Общая и прикладная фонетика», «Речевое управление роботом», «Особенности немецкого произношения», «Речевое взаимодействие: человек — машина», «Речь: коммуникация, информация, кибернетика», «Новые информационные технологии и лингвистика», «Язык, речь, личность», «Основы речевой акустики», «Речевая коммуникация» и др. Мы очертили только основные фокусы исследований в сфере прикладной фонетики, отметив базовые подходы к теории и ракурсам экспериментально-фонетических и акустических исследований.

Наша работа выполнена в русле научных традиций, разработанных Казанской лингвистической школой в области инструментальной фонетики. Проблематика и методология экспериментально-фонетических исследований представляет интерес для современной прикладной лингвистики.

Глава 2
Экспериментальный анализ русской речи у китайцев

2.1 Краткая история становления инструментальной фонетики

Как известно, методология экспериментального исследования речи впервые была разработана комплексно В.А. Богородицким под влиянием идей И.А. Бодуэна де Куртенэ. В Казанском университете в 80-е годы XIX века был создан кабинет экспериментальной фонетики, где в соответствии с техникой того времени начались разработки акустических параметров звуков речи. О работе кабинета экспериментальной фонетики также можно узнать из статьи Р. Э. Кульшариповой в «Татарской энциклопедии» [Кульшарипова 2006: 7 – 8]. Инструментальный анализ речи включает изучение тех физических свойств звука в потоке речи, которые необходимы для уточнения как самой природы звука (а это важно для разработки основ артикуляционной базы языка), так и для решения вопросов восприятия речи, постановки артикуляционных основ речи и т. д. Эти идеи содержались в концепции представителей Казанской лингвистической школы.

Экспериментально-фонетические разыскания в области русской фонетики относят нас к идеям В. А. Богородицкого, идеолога экспериментального описания звуковой системы языка. В этой связи для него было весьма актуальным детальное рассмотрение фонационных навыков индивида как на родном, так и на изучаемом языке. Технология экспериментального исследования предполагала обращать внимание на временную длительность звуковых элементов, а также на изменение голосового тона по высоте и силе; что осуществлялось с помощью соответствующих приборов того времени [Богородицкий 1930: 21, 215, 261]. При последовательном анализе физической природы звуков он включал фактор мышечного чувства языка, что позволяло ему тонко просчитать все этапы физиологии произнесения речевого сигнала. Данные, полученные им в результате экспериментов, естественно, не могут быть сопоставимы с современными (технологии разные), но они говорят о важности учёта таких характеристик, как нормальное движение тона, сила голосового тона гласного, энергия колебания, тембровые тоны полости рта, резонансные тоны гласного и т. д. Эти наблюдения позволили ему применять частные методики палатографии и лингвографии, что было открытием того времени, значимым и по сей день: в большинстве работ по методике преподавания языка в иностранной аудитории привлекаются данные по палатографии звуков.

Н. В. Крушевский, как один из выдающихся представителей Казанской лингвистической школы, в свою очередь большое внимание уделял вопросам изменения звуков в языке; переинтеграция внутри звука обусловлена спецификой артикуляции; «при сочетании звуков происходит переинтеграция их акустических качеств» [Крушевский 1998: 113]; т. е. Н. В. Крушевский также отмечает важность исследования и физической природы звука для установления законов развития и функционирования звуковой системы языка.

Таким образом, представители Казанской лингвистической школы заложили основы современного инструментального анализа речи на разных её уровнях, в том числе и сегментном. Впоследствии эти идеи развили и усовершенствовали Л. В. Бондарко, Л. В. Златоустова, Р.К. Потапова и др.

Исследования, проведённые Л.В. Златоустовой, Р.К. Потаповой, Л. В. Бондарко и др., позволили установить, что длительность гласных может быть обусловлена следующими факторами: зависимость от окружающих согласных; число предшествующих и последующих согласных; вид слогов (открытый или закрытый); позиции гласного в фонетическом слове; место ударения; позиции фразового ударения и т. п. [Потапова 2012: 110]. Для решения вопросов внутризвуковой и внутрислоговой длительности изучение этих характеристик весьма значимо, тем более что эти свойства звуков стоит учесть при разработке проблемы автоматического распознавания слуховых образов (АРСО), речевой коммуникации, прикладного речеведения. Выводы, сделанные Р. К. Потаповой, позволяют прийти к таким обобщениям.

Перед плавными и щелевыми гласные произносятся более длительно, а перед аффрикатами, взрывными и носовыми наиболее кратко. Кроме того, гласные также более длительны перед звонкими согласными, чем перед глухими.

Акустические исследования, проведённые Р. К. Потаповой,

также показали, что длительность гласного больше перед одним согласным, чем перед группой согласных. В русском языке гласный считается самым длительным, когда находится в абсолютном начале слова. Затем по степени убывания в абсолютном конце (открытый слог) и в середине. Как показали экспериментально-фонетические разработки в области прикладной фонетики, длительность гласного тесно связана с числом слогов в фонетическом слове. Тем больше число слогов, чем меньше длительности гласного: средняя длительность гласных в односложных словах превосходит среднюю длительность гласных в двух-и многосложных словах. Длительность ударных гласных в большинстве превышает длительность безударных гласных. В русской речи средняя длительность предударных гласных составляет 64% от средней длительности ударных гласных, а длительность заударных гласных — 48%. Длительность гласных находится в прямой зависимости от характера акцентного выделения во фразе. Так, в конце фразы длительность гласных звуков увеличивается. Причём длительность безударных может увеличиваться даже в большей степени, чем длительность ударных гласных. В абсолютном конце речевого такта и/или фонофразы для открытого слога отмечена наибольшая величина длительности как ударных, так и безударных слогов. В русской речи безударные гласные в указанной позиции в два раза длительнее, чем в других позициях [Потапова 2012: 111–112, 120].

Уровень интенсивности звука определяется звуковой энергией, проходя за единицу времени через единицу площади [Златоустова 1986: 10]. Для определения мощности (т. е. интенсивности) гласных звуков необходимо учитывать позиции этих гласных в слове. В русской речи гласные звуки в разной позиции имеют собственную динамическую шкалу. Обычно максимальная мощность русских гласных звуков наблюдается в ударном слоге, находящемся в начале слова. Разница между средними значениями наиболее мощного звука *о* и наименее мощного звука *и* [Потапова 2012: 121].

Л. В. Златоустова, Р. К. Потапова, Л. В. Бондарко детально рассмотрели проблему акустической природы ударных и безударных гласных. По мнению Л. В. Бондарко, ударные и безударные гласные различаются, во-первых, по степени закрытости — открытости. Безударный *а* является менее открытым, чем ударный. Безударные гласные *и*, *ы*, *у*, напротив, являются менее закрытыми по сравнению с ударными. На основе проведённых экспериментальных исследовании Л. В. Бондарко доказала, что в русском языке артикуляция безударного гласного оказывается зависящей от качества соседних согласных. Например, если безударный *а* оказывается в окружении двух переднеязычных согласных, то он продвигается вперёд, если же он оказывается в соседстве с заднеязычными согласными или с веляризованными, то он отодвигается назад. Л. В. Бондарко рассмотрела эту проблему по физическим данным частоты основного тона и длительности звуков [Бондарко 1977: 166].

С точки зрения Л. В. Златоустовой, в односложных словах гласные *а*, *у*, *о*, *е* (после твёрдого согласного), *ы* имеют близкую интенсивность, гласные *и*, *е* (между мягкими согласными) слабее первой группы, а в других словах интенсивность гласных в основном зависит от их позиции в слове. Например, в начале слова наблюдается повышение интенсивности, кривая интенсивности имеет высокое значение амплитуды. Важно отметить, что артикуляционные характеристики гласных по подъёму образования также имеют определённую корреляцию с интенсивностью, т.е. открытость и закрытость звуков соотносится с понятием абсолютной величины интенсивности. Движение интенсивности гласных в открытом слоге имеет характерный спад перед согласным звуком, в закрытом слоге этот спад не наблюдается или наблюдается в значительной меньшей степени [Златоустова 1981: 26]

Как мы уже говорили, постулаты И. А. Бодуэна де Куртенэ о характере звуков речи, их психофонетической оформленной были успешно развёрнуты Л. В. Щербой. Как известно, анализ акустических и артикуляционных (физиологических) характеристик гласных в соответствии с экспериментальными методиками начала XXI века проводился Л. В. Щербой на материале, представляющем «изолированные гласные»: говоря о принципиальной возможности такого подхода, Л. В. Щерба обращает особенное внимание на «искусство фонетика, которое состоит прежде всего в умении изолировать отдельные элементы связной речи, совершенно не изменяя их характера». Данные о количественных характеристиках гласных получены при анализе кимографических записей 1377 слов — материал масштабный не только для того времени, однако Л. В. Бондарко считает, что полученные результаты не окончательные и что предстоит большая исследовательская работа целого коллектива. Мы видим сегодня, что изучение количественных характеристик русских гласных находится в центре внимания фонетистов, поскольку длительность гласных выступает, с одной стороны, как фактор, определяющий характер редукции, с другой — как один из важнейших признаков просодической организации слова и синтагмы.

Тонкости звучания требуют основательной глубины анализа. Этой проблеме всегда уделялось особое внимание в прикладной фонетике. В частности, Л. В. Щерба уделял много внимания исследованию ударения с инструментальной точки зрения.

Л. В. Щерба изучал принципы членения и толкования кимографических записей, поэтому многие замечания свидетельствуют о глубоком понимании физиологических механизмов речеобразования: так, включение переходных участков гласного по длительности, интерпретация разных подходов при определении начала и конца гласного в соседстве с глухими согласными (начало гласного определяется началом голосовых колебаний, конец же — другими признаками), учёт разных признаков (ротовые, носовые и голосовые колебания, угол подъёма кривой, величина задержки одних колебаний по отношению к другим и т. д.) — всё это основывается на понимании тонких структур производства звуков в речевой цепи.

Нельзя не обратить внимание на основной результат измерений длительности гласных, а именно: на установление факта регулярных различий между ударными и безударными; «ударенные гласные в среднем в 1,5 раза больше неударенных» [Щерба 1983: 148].

В современной экспериментальной фонетике естественно сменились приоритеты анализа в связи с совершенствованием электроакустической аппаратуры, внедрением программ компьютерного анализа. Сегодня оценка этих признаков несколько иная: из многочисленных экспериментально-фонетических данных видно, что длительность гласного в большей степени связана с его ударностью (безударностью), чем сила; это подтверждается и объективными характеристиками, и восприятием, а также практикой синтеза речеподобных сигналов и автоматического распознавания речи. Заметим, что Л. В. Щерба пришёл (в более поздних своих работах) к интересным выводам относительно сложной природы русского словесного ударения, в реализации которого большую роль играют не только длительность и особое качество гласного, но и характер начала ударного гласного (что может быть сегодня соотнесено с характеристиками слоговых контрастов в ударных слогах).

Рассмотрение базовых положений инструментального анализа звуков в динамике по сути указывает на универсальные начала самого процесса звукопорождения, предопределяет тенденции дальнейшей перспективы разработок в области современной прикладной/ инструментальной фонетики, прикладного речеведения. Наверное, это знаковая ситуация в плане изучения лингвистических традиций, становления фонетического знания в рамках научных парадигм, в частности дискурсивно-когнитивной.

2.2 Ракурсы экспериментально-фонетического исследования звуков речи

Физическая природа звукового сигнала предполагает изучение трёх базовых параметров: *длительность*, *интенсивность*, *частота основного тона*. Интенсивность, наряду с длительностью и частотой основного тона, трактуется в фонетике как просодические характеристики речи, т.е. это основные физические характеристики, вторичные характеристики, в отличие от спектральных. Интенсивность звука определяется как звуковая энергия, проходящая за единицу времени через единицу площади [Златоустова 1986: 10]. Интенсивность определяется в ряде экспериментально-фонетических исследованиях в *дБ*, а затем соответствии с задачами исследования нормируется в %. Практика расчёта в акустической фонетике раньше была следующей. Вначале при помощи микрофона измерялось звуковое давление, а величину уровня интенсивности высчитывали по следующей формуле: **W = P2/pc**, где **W** — интенсивность, **P** — эффективное значение звукового давления, **p** — плотность среды, **c** — скорость распространения звука в среде. Интенсивность пропорциональна квадрату звукового давления [Потапова 2012: 98]. Детализация техники анализа динамической составляющей звука подробно дана в работах Р.К. Потаповой.

Как показывают исследования с применением современной электроакустической аппаратуры, на интенсивность гласных оказывает влияние ряд речевых, коммуникативных факторов; конкретное значение интенсивности отражает одновременно качественный характер сегмента, его позицию в речевой цепи, индивидуально и ситуативно обусловленный уровень громкости, интонационные особенности высказывания и, наконец, регистры эмоционально-экспрессивного плана. Поэтому при изучении интенсивности в звучащей речи носителей и не носителей языка необходимо учитывать все эти моменты. Основная функция интенсивности заключается в динамическом выделении отдельных элементов речевой цепи. Обычно эта выделенная часть характеризуется наличием нескольких усиленных областей в кривой интенсивности. Но стоит отметить, что усиление интенсивности слогов не обязательно отмечается в положении под ударением. Она возрастает с увеличением общего эмоционального напряжения. Положительные и активные эмоции обычно характеризуются повышением, а отрицательные и пассивные — понижением общего уровня кривой интенсивности. Проявление всех этих параметров в русской речи нерусских также выявляет себя в специфике паузами речи; можно сказать, что паузы выступают своего рода показателем степени владения изучаемым языком. В нашем анализе экспериментальные данные были получены от большего, чем три контрольных диктора; наблюдения за речью китайских студентов позволили нам в качестве базовых выбрать трёх информантов на разных этапах их обучения — начальном и продвинутом.

2.2.1 Фонетика паузации речи

Исследование временной организации речевого высказывания было бы неполным без обращения к изучению паузации. В экспериментально-фонетических исследованиях пауза в широком смысле трактуется как перерыв в звучании, фиксируемый падением среднего звукового давления до нуля на минимальном временном отрезке, равном 10 *мсек*. При подобном подходе пауза может иметься либо в пределах реализации звукового сегмента, либо за пределами его реализации, т.е. на стыке между двумя звуковыми сегментами.

Первый тип пауз определяется как интрасегментный, второй — как интерсегментный. Для первого типа пауз характерна, как правило, относительно малая длительность по сравнению с длительностью второго типа.

Пауза — это временный перерыв в звучании, разрывающий поток речи, вызванный разными причинами и выполняющий различные функции. Характер паузы взаимодействует с другими явлениями суперсегментного характера, и прежде всего с темпом. В тексте речи обнаружены разные типы паузы. По мнению Г. Н. Ивановой-Лукьяновой, пауза разделяется по разным принципам: а) по грамматическому и синтагматическому стандарту выделяют грамматические реальные и грамматические нереальные паузы; б) на фоне стилистике также разделяются неграмматические паузы, под которыми включают ещё сознательно-создаваемые (в той же группе выделены и дикторские и психологические паузы) и несознательные (паузы колебания) паузы [Иванова-Лукьянова 2004: 96].

Грамматические паузы отражают синтаксическое членение текста, являются обязательными. Грамматические нереальные паузы относятся к необязательным, они снимают временные интервалы с границ интонационного членения и деформируют темп текста. Паузы грамматические реальные и нереальные являются стилистически не окрашенными, т. е. несут нейтральный характер. Паузы неграмматические проявляют своё стилеобразующее свойство. Паузы неосознанные, т. е. паузы колебания, или хезитации, свидетельствуют о спонтанном характере дикторов. Признак спонтанности речи, передаваемый этими паузами, соответствует таким понятиям, как неподготовленность речи, неуверенность или волнение говорящего. Явление хезитации вызвано самим характером спонтанной речи, возникающей в момент её создания, когда говорящий непосредственно в речи планирует синтаксический строй и лексико-грамматический состав высказывания. Это явление может совмещаться с явлением грамматического членения. Неграмматические паузы подразделяют на психологические и дикторские паузы. Дикторские паузы встречаются только в функциональных стилях, являются стилистически окрашенными. Такого типа пауза может наблюдаться только у опытных дикторов. Психологические паузы связаны со смысловым фактором, они служат для выделения слов, имеющих особенную окраску. Психологические паузы в основном встречаются не в спонтанной речи, а именно в подготовленном тексте [Иванова-Лукьянова 2004: 99, 101, 103].

Что касается явления пропуска грамматических пауз, типа паузации, имеющего неграмматический характер, то оно свойственно определённым типам речи (например, разговорной речи) и связано отчасти с высоким уровнем содержания в таких текстах устойчивых синтаксических конструкций, например, в местах ввода придаточных предложений, особенно в тех случаях, когда главное предложение представляет устойчивую и малоинформативную синтаксическую конструкцию. Вообще по способу паузирования все тексты заметно противопоставляются по признаку спонтанности. «Таким образом, в практике обучения выразительному чтению необходимо предостерегать учащихся от пауз хезитации и, по возможности, развить у них навык совмещения хезитационных пауз с грамматическими» [Иванова-Лукьянова 2004: 104].

Кроме рассмотрения паузы как перерыва в звучании в настоящее время выделяют паузы, реализуемые с помощью различных звуков-вставок типа растянутых э···, ···и и др., т. е. так называемые заполненные, звучащие паузы.

Функционально паузы служат демаркационными знаками разграничения синтагм, фраз, фоноабзацев. Кроме того, в современной лингвистике выделяют паузы, которые могут функционировать практически в любом месте речевого высказывания — это относится прежде всего к паузам колебания, которые могут быть как незаполненными, так и заполненными, звучащими [Блохина 1982: 40–41].

Речевая паузация обусловлена как лингвистическими, так и экстралингвистическими факторами. Исследование русской спонтанной речи, проведённое Гайдучик, показало, что речевые паузы подразделяются на акустические, дыхательные и паузы колебания (незаполненные и заполненные) [Гайдучик 1972: 39–41].

В диссертации при исследовании паузации мы использовали методы перцептивно-слухового восприятия и измерения их акустических характеристик, предложенные Гайдучик [Гайдучик 1972: 41].

Нельзя не отметить классификацию пауз, предложенную некоторыми учёными при макросегментации текстов, в соответствии с которой осуществляется деление пауз на 1) краткие, длительные; 2) краткие, средние, длительные и 3) очень краткие и очень длительные [Блохина 1986].

Как указывают Л. П. Блохина и другие, важную роль при распознавании пауз играют синтаксические и суперсегментные факторы. В диссертации мы рассмотрели темпоральные паузы с учётом синтагматического членения высказывания, длительности фонации, длительности хезитаций, длительности гласных до и после ударения.

Итак, разговорную речь человек формирует в условиях, которые ограничены темой и объёмом кратковременной памяти. Универсальным в разговорной речи является появление пауз хезитации, которые возникают при неуверенности, задержке при выборе лексемы или синтаксической модели и т.д. При этом количество и качество пауз хезитации зависит от целого ряда условий. Поскольку планирование и продуцирование спонтанных текстов идёт параллельно, они приобретают специфические характеристики, среди которых можно отметить появление эллипсиса, грамматически неправильных конструкций, стилистических погрешностей, различного рода хезитаций, повторов, ложных начал, словесных замен и др. Отмеченные явления обусловлены дефицитом времени (говорящий не может скорректировать высказывание, вернуться к началу). Отметим, что письменный язык и разговорная речь у носителя языка могут иметь одну и ту же дискурсивную компетенцию. Различие между ними проявляется на уровне реализации и оказывается связанным с условиями реализации [Златоустова 1997].

Психолингвистические и лингвистические исследования показывают, что достаточно часты случаи несовпадения синтаксических и фонетических единиц членения. Эксперименты показали, что синтаксическая структура разговорной речи в качестве коррелята на акустическом уровне имеет вид границ между отдельными компонентами (паузальный и беспаузальный) и квантитативную структуру пауз. Другим фактором, определяющим дистрибуцию пауз, а также их длительность в разговорной речи, является характер лексических единиц, идущих после паузы (например, перед знаменательными словами). Квантитативная структура пауз хезитации, их дистрибуция в разговорной речи обнаруживает достаточно сложные зависимости (и между собой, и от других факторов, которые обусловливают соответствующий вид сегментации).

При порождении речи на неродном языке отмечаются паузы, которые по-своему актуализируют сам процесс смыслопорождения, ведь лексикон человека не является устойчивым, особенно если это неродной язык. Собственно говоря, при порождении спонтанных текстов на русском языке мы и отмечали эти особенности.

В качестве ведущего фактора, определяющего дистрибуцию пауз, здесь, как и в читаемых текстах, выступает синтаксическая структура. Особую группу составляют заполненные паузы, которые отличаются от незаполненных тем, что говорящий таким образом стремится сохранить инициативу в разговоре. Чаще эти паузы появляются на начальных участках синтагмы и используются для организации синтаксиса высказывания. Внутри синтагменные паузы (хезитации) в разговорной речи являются феноменом, не связанным с программой порождения речи. Они не несут какой-либо полезной информации для слушающего. Как правило, подобные паузы, если они не являются слишком длительными, в качестве пауз информантами не фиксируются. Повышение вероятности появления хезитационных пауз зависит от роста числа альтернатив, которые возникают при подборе следующей лексической единицы. Отмечается также, что корреляция между частотностью слова и вероятностью хезитационной паузы, появляющейся перед ним, носит отрицательный характер. В разговорной речи дыхательные паузы выполняют функцию планирования речи. Именно на участках дыхательных пауз происходит активизация когнитивной деятельности. При ассоциативном нанизывании границы фраз становятся расплывчатыми, а их просодическое оформление не имеет чётких признаков членения. Поэтому вычленение высказываний (на основе слухового анализа) представляет определённые трудности. Проблему составляет и выбор единиц членения [Блохина 1986].

Наш экспериментально-фонетический анализ состоял из ряда экспериментов, позволяющих уточнить характер фонетической организации связной речи у нерусских.

В **эксперименте 1** мы исследовали длительность пауз в речи китайских и русских дикторов. Экспериментальный материал состоял из художественного текста (см. приложение 1 текст для речи-чтения 1). Все дикторы—женщины, которые прочитали текст без подготовки; китайский дикторы изучали русский язык с 2006 – 2013 года. Были получены следующие результаты (см. диаграмма 1).

Диаграмма 1

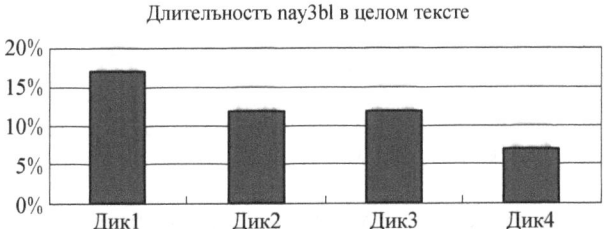

На диаграмме 1 видно, что в речи-чтении китайские дикторы делали больше остановок, прерывали свое изложение чаще (12%—17% пауз в тексте), длительность пауз русского диктора составила только 7% в тексте.

В **эксперименте 2** была исследована паузация в спонтанной речи китайских дикторов, изучавших русский язык в течение одного года, в качестве контрольных приводятся данные от четырех дикторов (тексты приведены в приложении 2, спонтанная речь 1). Паузы китайского диктора 1 занимают 19% (среди которых 90% грамматические паузы реальные, 10% паузы колебания) в разговоре, паузы китайского диктора 2%—48% (8%—паузы хезитации, 10% – грамматические нереальные паузы, 82%—грамматические реальные паузы), паузы китайского диктора 3%—40% (94%—грамматические реальные паузы, 6%—грамматические нереальные) и паузы китайского диктора 4—14% (63%—паузы колебания, 12%—грамматические нереальные паузы и 25%—грамматические реальные паузы) (см. диаграммы 2 и 3).

Диаграмма 2

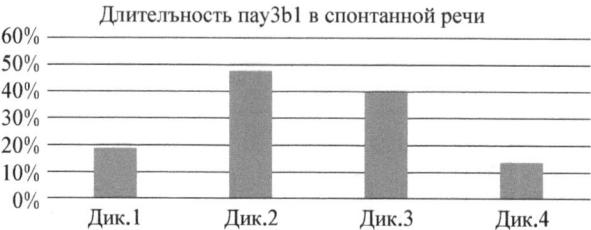

Соотношение разных пауз в речи дикторов

Диаграмма 3

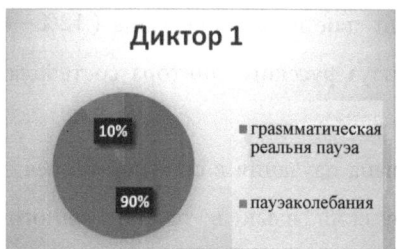
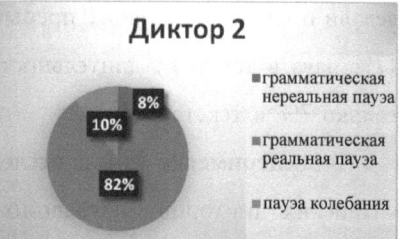
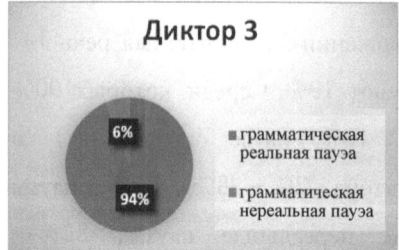
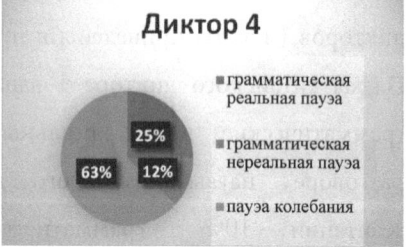

Таким образом, мы приходим к выводу, что в речи китайских дикторов наблюдаются в основном грамматические реальные, грамматические нереальные паузы, паузы колебания и пропуск грамматической паузы (см. соответствующие диаграммы). Среди всех типов пауз грамматические занимают первое место. Получается, что китайские учащиеся первого уровня практически усвоили навыки членения речи по грамматическому принципу. Мы также наблюдали немало пауз колебания в речи, когда рассказ характеризовался как бытовой. Для большого числа дикторов такой тип паузы является самым типичным, преобладающим, ведь, как мы уже отмечали, на начальном этапе обучения лексикон учащихся не столь симметричен их прагматикону, ситуативным позициям речи. Есть причина ещё эмоциональная, экстралингвистическая (волнение, стеснение, обдумывание самого акта речи и т. д.). Кроме того, дикторы первого уровня ещё не обладают навыками автоматизма синтагматического членения в соответствии с правилами семантико-синтаксической организации смысла в общении, нет речевого опыта членения синтаксически осложненной структуры предложения, большое количество синтагм, выделенных дикторами, состоит из одного и двух слов. Такие синтагмы и соответствующие паузы удлиняют длительность целого повествования. В речи китайских дикторов мы пока не наблюдали паузы других типов, передающих активные эмоциональные оттенки, темп речи сравнительно тоже медленный. Следовательно, вырабатывая навыки нормативного произношения, желательно включать задания комплексного плана в рамках речи-текста и т.д.

2.2.2 Синтагма: специфика синтагматического членения в русской речи китайцев

Проблема сегментации звучащего текста приобретает особое значение в связи с необходимостью создания специального раздела общей и прикладной фонетики — сегментологии. Условно выделяют микро-, медиа-и макросегментацию (см. [Потапова 1983, 1989, 1995]). Мы также склонны придерживаться этой систематизации. Основной объект макросегментации — ритмические группы, фразы, сверхфразовые единства, фоноабзацы, тексты. Объектом медиасегментации является фонетическое слово, микросегментации — интразвуковые, звуковые, интерзвуковые, слоговые сегменты. Подобная дифференциация, с одной стороны, даёт возможность упорядочить инвентарь сегментов, условно выделяемых в речевом потоке, с другой — дифференцировать их с позиции говорящего и слушающего, а также наблюдателя (экспериментатора). Для каждого из подразделов сегментологии можно создать шкалу единиц, учитывающую лингвистические, пара- и экстралингвистические факторы [Потапова 1995]. Макросегментация звучащего текста предполагает учёт семантических, синтаксических и (дополнительно) фонетических критериев. На основе проведённых экспериментально-фонетических исследований стало возможным следующее толкование. Сегментация звучащих диалогических текстов предполагает выделение трёх типов иерархических единиц (диалогический блок, диалогический шаг, высказывание). Под диалогическим блоком понимается тематически однородный отрезок диалога, обладающий автономным смыслом, а также коммуникативно-смысловой связностью. Диалогический шаг — это минимальная информативная единица, высказывание — это вербальный стимул или реакция. Общим при членении звучащих текстов является иерархический подход, позволяющий выделить единицы сегментации. В качестве признаков единиц иерархических уровней выделяют их семантическое и тематическое единство, фонетические критерии выступают в роли дополнительных. Однако при выделении синтагм (паузальных групп) в качестве ведущих выделяются именно фонетические (просодические) признаки. Они выступают в качестве решающих при определении границ. Каждый из языков обладает определённой системой акустических признаков разграничения [Потапова 1986: 38].

Итак, просодические средства играют важную роль в перцептивно-слуховой макросегментации звучащей речи (см. [Блохина 1986: 84]; [Потапова 1983, 1989]). Основным средством делимитации звучащего текста на смысловые единицы является пауза — воспринимаемый перерыв в речевом континууме. Перерыв может быть достигнут следующими способами: полным отсутствием физического сигнала (это физическая или темпоральная пауза); удлинением звуковых сегментов, предшествующих паузе, — заполненной паузой; перепадом частоты основного тона голоса или уровня интенсивности, сочетанием перечисленных возможностей в различных комбинациях. С.М. Гайдучик отмечает, что сегментацию звучащего текста с помощью речевых пауз можно рассматривать как междисциплинарную проблему, исследуемую в фонетике и в психолингвистике, в социолингвистике и в психологии, в педагогике и в медицине и т. д. [Гайдучик 1972]. У большинства говорящих паузы могут занимать до 40–50% объёма порождаемой речи.

Особую сложность для сегментации представляет жанры разговорной речи, поскольку при их производстве имеется синхронность процесса обдумывания и продуцирования, что заметно отличает её делимитацию от сегментации, например, озвученной письменной речи. Можно отметить необязательность выражения межфразовых границ даже в случае отчётливой смысловой обособленности и грамматической оформленности соседних высказываний. Говорящий как бы перескакивает через границы между фразами, а слушающий ощущает несоответствие между смысловой структурой речи и тематическим развитием. Даже в конце высказывания, обладающего смысловой и грамматической законченностью, может отсутствовать финальное завершение (нисходящий тон). Поэтому исследователи отмечают, что в текстах разговорной речи наблюдается преобладание в конце фраз восходящих тонов над нисходящими. Между синтагмами в разговорной речи может отсутствовать пауза и другие средства членения, и, наоборот, целостный по смыслу речевой отрезок может включать уточнения, исправления, повторы, вставки, паузы хезитации (колебания). В связи с этим возможно усложнение установления синтагматических границ (этому способствует и недостаточная чёткость фонетических средств членения, разнородность вычленяемых отрезков в семантическом и функциональном отношении). Наблюдения над процессом речепорождения в целом позволили прийти к следующим обобщениям. Наряду с отрезками, характеризующимися единством смысла и фонетической оформленностью (синтагма в строгом смысле слова), выделяются многочисленные сегменты, не обладающие данными признаками (или одним из них): слова-связки, автоматически произносимые повторы целых синтагм или их частей, клишированные конструкции. Отмечается также дробность синтагматического членения (увеличение доли коротких синтагм). При этом в разговорной речи повышается роль интонации как средства связи и членения (поскольку смысловые связи не выражены), а также как средства смыслового выделения элементов, актуальных для говорящего. Кроме того, она служит для передачи тонких коммуникативно-эмоциональных оттенков. В текстах разговорной речи встречаются участки неполного типа произношения. Чёткое противопоставление между функционально различными типами пауз — межфразовыми и межсинтагменными, синтаксическими и хезитационными — отсутствует. Наконец, отмечается акцентная многовершинность (почти пословное произнесение) и, напротив, отсутствие акцентного выделения на отдельных синтагмах и даже фразах [Бондарко 1988]. Мы имели дело с такими вариантами спонтанной речи у китайцев, как: *Меня зовут Ли Зце··· У меня счастливая семья··· Я приехала из Китая··· Мне нравится смотреть··· фильм··· Я люблю читать книгу··· слушать музыку··· в··· свободное время.*

Как отмечает А.М. Антипова, наиболее подвижными и чувствительными к изменению среды и ситуации общения оказываются просодические средства [Антипова 1989]. Супрасегментное строение спонтанного текста значительно отличается от текста письменного. Спонтанный текст в максимальной степени характеризуется такими факторами, как объём кратковременной и долговременной памяти человека, потребностно-мотивационная реализация речи, а также темперамент говорящего [Златоустова 1997]. Исследования показали, что известные ранее единицы, такие как синтагма, фраза, сверхфразовое единство (СФЕ), для изучения сегментации разговорной речи оказываются малопригодными. Важную роль здесь играет психолингвистическая значимость данных единиц в процессе порождения речи. Имеющиеся психолингвистические модели и наблюдения позволяют определить роль ритмических единиц, при этом подверженным считается факт примата ритмико-мелодических структур. Так, слуховой анализ звучащей речи носителями языка показывает, что в первую очередь вычленяются именно ритмические единицы и отдельные высказывания. В связи с этим возникает вопрос об ином варианте структурирования: ритмическая группа может соответствовать разным лингвистическим единицам — *слову, синтагме, предложению* [Великова 2000].

В сегментологии стали появляться новые понятия: *смысловой кусок*, *тематический сегмент*, *реплика* и др. В связи с этим ритмическую организацию разговорной речи образуют не только иерархически взаимосвязанные сегменты — такие традиционно выделяемые, как: ритмическая группа *синтагма—фраза—СФЕ*, но и сегменты, не образующие иерархию. Так, например, в ритмический ряд могут входить сегменты, не совпадающие с завершённым куском (из-за того, что в местах сильных семантических связей могут возникнуть паузы хезитации). Тогда ритмический ряд могут образовывать комбинации (фонационный кусок плюс последующая пауза). Часто в этих случаях отмечается закономерность, когда за длительным фонационным отрезком идёт короткая пауза и наоборот. Кроме того, реплики участников разговора (или сочетания реплик) также могут образовывать периодические ряды [Бондарко 1986]. Еще раз подчеркнём, что такие сегменты, как фонационный кусок со следующей за ним паузой, реплика или сочетание реплик, явно не входят в иерархию ритмических единиц, принятую для письменной речи. Таким образом, ритмическая система разговорной речи имеет гораздо более сложную структуру и включает не только известное лингвистам иерархическое построение единиц ритма [Антипова 1989].

Особенности акустического характера движения тона, их направленности мы рассмотрим позже. Исследователи отмечают, что в разговорной речи чаще используются нисходящие тоны, которые в конце смыслового сегмента биологически более естественны.

Восходящие и ровные тоны сигнализируют о том, что речь либо не окончена, либо говорящий ждёт ответа (через эти тоны передаётся вопросительность или незавершённость). Чаще восходящие и ровные тоны появляются перед паузой хезитации. Установлено, что в разговорной речи просодические показатели выражены слабее, чем, например, в позиции финальности в письменных текстах [Антипова 1989].

При решении проблемы сегментации разговорной речи в одних случаях используют синтаксические критерии — предложения, либо такие единицы, как контактные слова, в других случаях — интонацию. В результате мы имеем дело с фразой как частью устного паузированного текста. Выходит, что принципиальных различий нет между письменным текстом и устным, разница лишь — в реализации. Таким образом, основной единицей членения письменного текста является предложение, устного — коммуникативная единица (высказывание) [Златоустова 1997].

Многие исследователи, выделяя в качестве основной единицы спонтанного текста высказывание, оправдывают свой выбор тем, что другие предлагаемые единицы — *неполная синтагма* [Антипова 1980] и *паузальная группа* [Brown 1980] — оказываются весьма сложными при их определении с точки зрения синтаксического наполнения [Яковлева 1996]. Ещё раз подчеркнём, что в разговорной речи смысл преобладает над синтаксисом. Степень выраженности грамматических связей в устном тексте отличается от текста письменного: они могут не проявляться или отсутствовать.

В качестве наиболее надёжного средства членения в разговорной речи выступает пауза, и это приводят к трудностям использования при анализе текстов разговорной речи традиционной единицы *клаузы* (*clause*), *которая совпадает с тональной единицей* (*тоновой группой*) [Блохина 1983: 62]. В русской терминологии точного соответствия данному термину нет. Для М. Халлидея клауза является областью пересечения разных систем: системы информации, которая реализуется в фонологических признаках интонации; системы тематизации (это последовательность элементов в клаузе) и системы идентификации (это специальные модели синтаксической структуры) [Hallyday 1967]. Поэтому считается, что понятие *клауза* близко к понятию *синтагма* (в трактовке Л.В. Щербы), с чем стоит согласиться.

Если представить текст как речевую (линейную) цепочку сегментов, то нужно сказать, что именно с сегментацией будет связано его продвижение во времени (сегменты воплощают отрезки речевого времени). В устной речи сегмент может не совпадать с высказыванием [Лаптева 1999]. Это связано с необязательностью присутствия в речевом потоке фонетических и интонационных сигналов, свидетельствующих о завершённости высказывания. Из наиболее распространённых сигналов — интонационной завершённости (характер движения тона), паузы и завершения синтаксической структуры — может не оказаться ни одного. Таким образом, высказывание не может считаться основной единицей устного текста.

Однако и синтагма не может претендовать на эту роль. Сегменты в устной речи по сравнению с речью письменной имеют структурной характер. Они могут совпадать с высказыванием, словом или звуком. Более того, они могут иметь другой характер, не предусмотренный общелитературный синтаксисом [Лаптева 1999].

Итак, строится устный текст по сегментам, а письменный — по предложениям. Сегмент как функциональная речевая единица стремится к самостоятельности (семантической, синтаксической, коммуникативной). Проявлением этой тенденции является упрочение грамматических связей внутри сегмента и ослабление их за его пределами. Кроме того, сегмент имеет тенденцию к глагольности. Чем глубже говорящий оценивает задачи своего сообщения, тем в тексте больше сегментов. Чем более естественна речь, тем больше в ней сегментов. Сегменты, по мнению О. А. Лаптевой, «наиболее адекватно соответствуют способу восприятия сообщения по структурно-смысловым блокам, соответствующим предшествующим знаниям и речевому опыту слушающего» [Лаптева 1999: 27].

Определение понятия *сегментация* в словарях даётся по-разному. С одной стороны, сегментация определяется как деление речевого потока на определённые отрезки или элементы, с другой — как структурные единицы языка того или иного отрезка речи [Ахманова 2014].

Таким образом, указанное определение не противоречит возможности выявления сегмента в качестве базовой единицы для анализа макросегментации устно-речевого дискурса. Под этой единицей будем понимать отрезок речевой цепи от одной границы, полученной в результате перцептивно-слухового анализа, до другой (т. е. воспринимаемый структурно-смысловой блок). В качестве маркеров его границ могут выступать различные виды пауз и/или модификации других просодических средств. Возможны также варианты беспаузального членения, когда просодический тембр указывает на границы членения, тогда данная единица близка к понятию *паузальная группа*. Отличие заключается в том, что границы сегмента могут обозначаться не только паузами (в их различных акустических манифестациях). Эти границы определяются на основе перцептивно-слухового восприятия речи и могут маркироваться в том числе и другими средствами делимитации (например, грамматическими или синтаксическими) [Хитина 2004: 72 – 83].

Минимальным линейным отрезком речевой цепи, содержащим в своём составе одно или несколько слов и являющимся простейшим синтаксическим целым, является синтагма. Впервые определение синтагмы как семантико-синтаксической единицы, обладающей фонетической цельнооформленностью, дал Л.В. Щерба: «фонетическое единство, выражающее единое смысловое в процессе речи мысли» [Щерба 1964]. Из этого суждения Л. В. Щербы видно, что определяющим для синтагмы становятся именно смысловые отношения, которые и обусловливают фонетическое единство элементов, образующих синтагму. Это фонетическое единство достигается усилением последнего в синтагме словесного ударения: *резать яблоко*, *разъезжать по разным городам*, *говорить стихотворение наизусть*. Таким образом, по Щербе, фонетическая целостность синтагмы выражается в том, что все слова, предшествующие последнему, несут только обычное словесное ударение, тогда это последнее характеризуется усиленным ударением, которое называется, синтагматическим.

Если предложение имеет несколько синтагм, то и синтагматических ударений должно быть несколько. Словесное ударение внутри синтагмы может значительно ослабляться. Крайним случаем такого ослабления является полная утрата собственного словесного ударения при образовании безударных слов: *не уходи*, *передо мной*, *под гору*, *на* людях. Однако и в случае, когда словесное ударение всё же сохраняется, оно может сильно ослабятся под воздействием синтагматического ударения.

Членение высказывания не связано жёстко с синтаксическим членением: одна и та же синтаксическая конструкция может быть реализована по-разному.

Сама возможность расчленить одно и то же предложение на разные синтагмы — универсальное свойство языка, однако в зависимости от фонетических и грамматических особенностей конкретного языка наблюдаются и существенные различия этой возможности. Так, для русского языка можно говорить лишь об определённых запретах при образовании синтагм, поскольку одно слово не может входить в синтагму, будучи не связанное синтаксически. А в русской речи китайцев достаточно часто одна синтагма может состоять из одного слова.

Являясь минимальной по протяжённости единицей фонетического оформления, связного со смыслом высказывания, синтагма составляет, как правило, лишь часть его (конечно, односинтагменные высказывания тоже встречаются достаточно часто).

Цепочка синтагм, объединённая в более крупное целое, образует фразу. Фраза объединяет синтагмы благодаря наличию фразового ударения, падающего на последний ударный гласный в последней синтагме. Можно сказать, что фразовое ударение — это усиленное синтагматическое ударение, находящееся на последней синтагме. По своей линейной тяжести фраза совпадает, как правило, с предложением, а по своим фонетическим характеристикам она зависит от интонационного оформления синтагм, входящих в неё. Верно и обратное утверждение: фонетические характеристики синтагм, образующих фразу, зависят от интонации целой фразы [Бондарко 1977: 160 – 161].

В современном языкознании под понятием *синтагма* чаще всего понимается смысловое и в то же время фонетическое единство, которое в речи оформляется с помощью соответствующих фонетических средств суперсегментного плана.

В концепции И. А. Бодуэна де Куртенэ синтагма трактовалась достаточно широко, можно сказать, включая ракурс психической ассимиляции слов (семантико-синтаксической ассоциации). Поэтому мы можем выделить толкования синтагмы в системе морфологических единиц языкового мышления («живые психические единицы») [Бодуэн де Куртенэ 1963: 183]. Не ограничиваясь данным пониманием, И. А. Бодуэн де Куртенэ дополняет дефиницию синтагму таким аспектом, как «составные части предложения», ведь такое понимание органично связано с идеями морфологизации и семасиологизации языка (см. положение о психофонетическом ударении и синтагме) [Бодуэн де Куртенэ 1963: 198].

Значима была для него интерпретация механизмов выделения синтагмы в так называемом писано-зрительном языке с помощью знаков препинания, что в настоящее время активно используется в совершенствовании смысловой сегментации речи [Бодуэн де Куртенэ 1963: 222].

Членимость/делимость в речи показательна для изучения характера единства элементов языка в процессе говорения. Поэтому он использует и такое определение синтагмы, как морфологического элемента более сложного морфологического целого, фразы [Бодуэн де Куртенэ 1963: 255, 291]. Таким образом, синтагма может служить показателем освоенности неродного языка среди неносителей, просодической активности в общем процессе смыслового членения речи.

Учёный полагал, что освещение природы синтагмы также значимо для описания системно-структурного механизма языка [Бодуэн де Куртенэ 1963: 300].

Основными этапами исследования устно-речевого дискурса, которые будут определять его результат, являются: сбор материала, его обработка, транскрипция, сегментация, сопоставление и описание, а также работа с информантами. В настоящее время единая система общепринятых методик, правил, процедур сбора, представления и анализа языкового материала отсутствует. Транскрипции реальной речи встречаются только в публикациях, осуществляемых в рамках коллоквиалистики, социолингвистики и анализа дискурса [Макаров 2003].

Наиболее сложной является проблема технической записи корпуса текстов, особенно запись речи в общественных местах, где присутствуют значительные помехи, которые даже превосходят, перебивают полезный сигнал. Вторая проблема — определение необходимого и достаточного объёма речевого материала (он устанавливается исходя из цели анализа). Отметим, что оптимальный объём должен быть достаточен для обеспечения корректного анализа и достоверности вывода. Эти моменты учитывались нами при организации записи речи информантов. Звукозапись предполагает установление словесного состава устно-речевого дискурса.

Работа со звукозаписями достаточно сложна и трудоёмка. Она включает использование как звукозаписывающей аппаратуры, необходимой для прослушивания материала (в том числе и многократного), так и компьютеров, на экраны которых можно вывести необходимую графическую или текстовую информацию. Оба направления требуют от исследователя специальной (в том числе и аудитивной) подготовки и высококачественной техники. Возможно также использование всякого рода информационных программ, позволяющих вводить значительный фрагмент устно-речевого дискурса в компьютер (в оцифрованной форме); затем осуществлять прослушивание его по частям; фиксировать с помощью клавиатуры компьютера эти фрагменты, фиксировать их в письменной транскрипции или иной форме (это специальные программы, называемые транскрайберами). Однако основная работа ложится на плечи исследователя: переход от восприятия дискурса к его пониманию требует достаточно полной лингвистической и экстралингвистической информации. Как отмечается в работе Т. В. Матвеевой, каждый исследователь, занимающийся письменной фиксацией разговорной речи, знает об объёме информационных потерь, чем они могут быть вызваны и т. д. [Матвеева 1994].

Среди средств передачи информации выделяются супрасегментные и невербальные (они могут существенно дополнять или видоизменять информацию, которую несёт словесная составляющая). Конкретное высказывание может нести в себе, добавочное, дополнительное, субъективно-модальное значение, т. е. выражать отношение говорящего к соображаемому. В частности, специальными интонационными средствами акцентируется удивление, сомнение, уверенность, недоверие, протест, ирония и другие эмоционально-экспрессивные оттенки субъективного отношения. В экспрессивной речи часто используются особые фонации (типы голоса). Так, напряжённость указывает на повтор или переспрос, скрипучая фонация выражает отрицательное отношение. Обычно эти просодические тембры окрашивают всё высказывание в целом и бывает затруднительно уловить границы перехода. Другие просодические средства (громкость, количество — в виде интегрального темпа или удлинения акцентированных гласных, паузы и др.) также используются для выражения многих оттенков значений [Кодзасов 2009].

Иногда для фиксации дополнительной информации применяются специальные пометы. В этом отношении С. В. Кодзасовым уже разработана система обозначений просодической формализации речи. В нашем случае — модели простых акцентных типов, с вялой вариативностью тона и т. п. Однако они обычно отражают только наиболее ярко выраженные особенности, тональность присутствует в любом отрезке речи, окрашивает практически каждую единицу. К сожалению, считывать и фиксировать эту информацию в полном объёме исследователи пока не умеют [Матвеева 1994].

В разговорной речи эмоциональные компоненты могут выражаться не только словами, но и другими способами (даже с помощью поступков). При этом изучение тональности представляется достаточно сложным, поскольку эмоциональные оценки многоплановы и разнонаправлены. Говорящий эмоционально оценивает каждый из компонентов коммуникативного акта (предмет речи, себя, адресата речи, ситуацию общения, свою речь). Поэтому данная область, неполно фиксируемая и к тому же обладающая выраженной системностью, требует специального изучения и оценки [Хитина 2004].

В **эксперименте 1** также, помимо длительности и типологии пауз, исследуется временная организация синтагм. Программа акустического описания позволяет подать данные в следующем виде. Например, *В жизни мы встречаемся с разными людьми.* (см. осциллограмму 1).

Диктор 1 разделил фразу на 6 синтагм, диктор 2-на 8 синтагм, диктор 3-на 6, диктор 4-на 5синтагм.

Осциллограмма 1

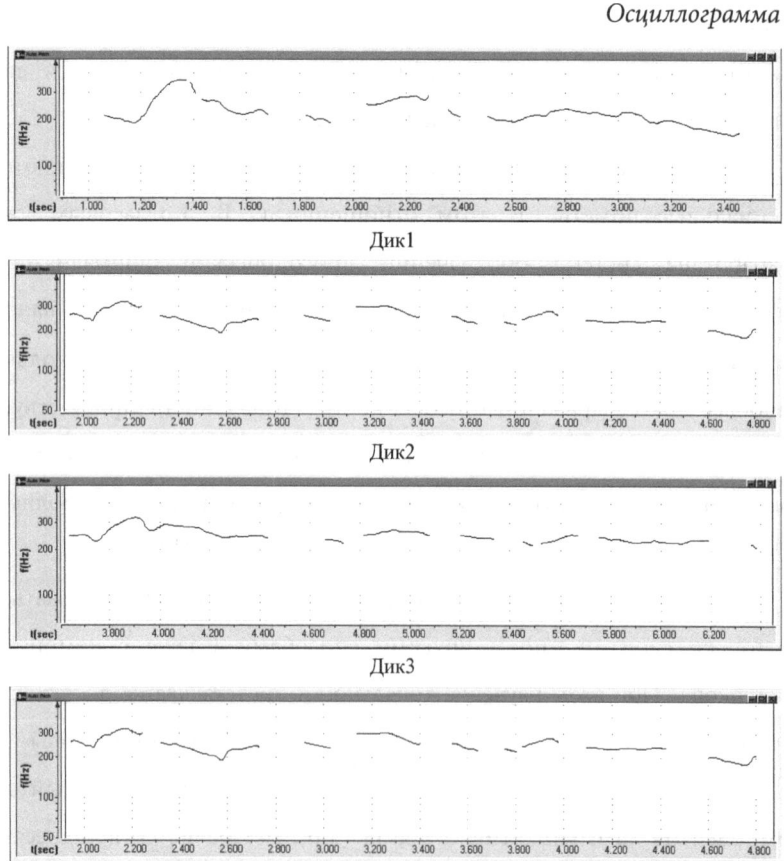

Дик1

Дик2

Дик3

Дик4

Анализ синтагматического членения всего текста показал следующее:

Диктор 1

Выделено 37 синтагм. Среди них 1 синтагма — из одного слова, 6 синтагм — из двух слов, 10 синтагм — из трёх слов, 6 синтагм — из четырёх слов, 7 синтагм — из пяти слов, 5 синтагм — из шести слов, 1 синтагма — из семи слов, 1 синтагма — из восьми слов. Синтагма из одного слова по длительности 1.6609 *сек*. Диапазон длительности синтагмы из двух слов 1.0370 – 1.7143 *сек*, синтагмы из трёх слов 1.2887 – 6.6537 *сек*, синтагмы из четырёх слов 1.4484 – 3.7830 *сек*, синтагмы из пяти слов 2.4746 – 10.9244 *сек*, синтагмы из шести слов 2.5914 – 6.6500 *сек*, синтагмы из семи слов 3.2129 *сек* и синтагмы из восьми слов 4.5252 *сек*. Средние величины синтагмы: 1 слово — 1.6609 *сек*, 2 слова — 1.3138 *сек*, 3 слова — 2.8753 *сек*, 4 слова — 2.7229 *сек*, 5 слов — 4.8512 *сек*, 6 слов — 5.0022 *сек*, 7 слов — 3.2129 *сек* и 8 слов — 4.5252 *сек*. В тексте есть и различные паузы, которые занимают 17% (см. таблицу 1)

Таблица 1

Длительность синтагм в тексте (Дик1)

Состав синтагм	1	2	3	4	5	6	7	8
Диапазон длительности синтагм (*сек*)	1.6609	1.0370—1.7143	1.2887—6.6537	1.4484—3.7830	2.4746—10.9244	2.5914—6.6500	3.2129	4.5252
Средняя величина	1.6609	1.3138	2.8753	2.7229	4.8512	5.0022	3.2129	4.5252

Кроме указанных моментов, мы рассмотрели длительность слов

из разного числа слогов. По данным эксперимента мы получили такие результаты: диапазон односложных слов 0.2728 – 0.6008 *сек*, двухсложных — 0.2735 – 0.8355 *сек*, трёхсложных — 0.4113 – 1.0413 *сек*, четырёхсложных — 0.5802 – 1.2618 *сек*, пятисложных — 0.6101 – 0.9530 *сек*, шестисложных — 0.9022 – 1.6556 *сек*, семисложных — 1.2517 *сек*. Средние величины всех типов слов: 1 слог — 0.4508 *сек*, 2 слога — 0.5693 *сек*, 3 слога — 0.6989 *сек*, 4 слога — 0.8694 *сек*, 5 слогов — 0.8487 *сек*, 6 слогов — 1.2547 *сек*, 7 слогов — 1.2517 *сек* (см. приложение 3, таблицу 1).

Диктор 2

Выделено 29 синтагм. Среди них 5 синтагм — из двух слов, 3 синтагмы — из трёх слов, 4 синтагмы — из четырёх слов, 5 синтагм — из пяти слов, 5 синтагм — из шести слов, 2 синтагмы — из семи слов, 1 синтагма — из восьми слов, 2 синтагмы — из девяти слов, 1 синтагма — из тринадцати слов и 1 синтагма — из четырнадцати слов. Диапазон длительности синтагмы из двух слов 1.1023 – 1.7770 *сек*, синтагмы из трёх слов 2.4841 – 2.6083 *сек*, синтагмы из четырёх слов 1.3118 – 4.6440 *сек*, синтагмы из пяти слов 2.0673 – 7.4142 *сек*, синтагмы из шести слов 2.5323 – 4.1869 *сек*, синтагмы из семи слов 3.8618 – 4.1524 *сек*, синтагмы из восьми слов 6.9176 *сек*, синтагмы из девяти слов 4.9022 – 6.2502 *сек*, синтагмы из тринадцати слов 10.7263 *сек* и синтагмы из четырнадцати слов 9.9902 *сек*. Средние величины синтагмы: 2 слова — 1.3915 *сек*, 3 слова — 2.5461 *сек*, 4 слова — 2.8769 *сек*, 5 слов — 4.8512 *сек*, 6 слов — 3.4711 *сек*, 7 слов — 4.0071 *сек*, 8 слов — 6.9176 *сек*, 9 слов — 5.5762 *сек*, 13 слов — 10.7263 *сек* и 14 слов — 9.9902 *сек*. В тексте представлены различные паузы, которые занимают 12% (см. таблицу 2)

Таблица 2

Длительность синтагм в тексте (Дик2)

Состав синтагм	2	3	4	5	6
Диапазон длительности синтагм (*сек*)	1.1023—1.7770	2.4841—2.6083	1.3118—4.6440	2.0673—7.4142	2.5323—4.1869
Средняя величина	1.3915	2.5461	2.8769	4.8512	3.4711
Состав синтагм	7	8	9	13	14
Диапазон длительности синтагм (*сек*)	3.8618—4.1524	6.9176	4.9022—6.2502	10.7263	9.9902
Средняя величина	4.0071	6.9176	5.5762	10.7263	9.9902

Как в предыдущем случае, мы рассмотрели длительности слов разной слоговой сложности. В результате пришли к таким выводам: диапазон односложных слов 0.3875 – 0.4244 *сек*, двухсложных — 0.3424 – 0.7638 *сек*, трёхсложных — 0.4472 – 1.0672 *сек*, четырёхсложных — 0.7133 – 1.1508 *сек*, пятисложных — 0.8358 – 1.9940 *сек*, семисложных — 1.3038 *сек*. Средние величины всех типов слов следующие: 1 слог — 0.3997 *сек*, 2 слога — 0.5475 *сек*, 3 слога — 0.6700 *сек*, 4 слога — 0.8975 *сек*, 5 слогов — 1.2852 *сек*, 7 слогов — 1.3038 *сек* (см. приложение 3, таблицу 2).

Диктор 3

Выделено 25 синтагм. Среди них 1 синтагма — из двух слов, 5 синтагм — из трёх слов, 4 синтагмы — из четырёх слов, 3 синтагмы — из пяти слов, 3 синтагмы — из шести слов, 3 синтагмы — из семи слов, 1 синтагма — из восьми слов, 1 синтагма — из девяти слов, 1 синтагма — из десяти слов и 3 синтагмы — из двенадцати слов. Диапазон длительности синтагмы из двух слов 0.8872 сек, синтагмы из трёх слов 1.5600 – 2.8990 *сек*, синтагмы из четырёх слов 1.2497 – 3.6321 *сек*, синтагмы из пяти слов 3.4011 – 4.3888 *сек*, синтагмы из шести слов 2.7798 – 5.8611 *сек*, синтагмы из семи слов 2.7010 – 11.0721 *сек*, синтагмы из восьми слов 3.6837 *сек*, синтагмы из девяти слов 5.3916 *сек*, синтагмы из десяти слов 8.9287 *сек* и синтагмы из двенадцати слов 4.8469 – 7.6242 *сек*. Средние величины синтагмы: 2 слова — 0.8872 *сек*, 3 слова — 2.2113 *сек*, 4 слова — 2.2046 *сек*, 5 слов — 3.9294 *сек*, 6 слов — 4.1012 *сек*, 7 слов — 5.5476 *сек*, 8 слов — 3.6837 *сек*, 9 слов — 5.3916 *сек*, 10 слов — 8.9287 *сек*, 12 слов — 6.4382 *сек*. В тексте выделены паузы, которые занимают около 12% (см. таблицу 3).

Таблица 3

Длительность синтагм в тексте (Дик3)

Состав синтагм	2	3	4	5	6
Диапазон длительности синтагм (*сек*)	0.8872	1.5600—2.8990	1.2497—3.6321	3.4011—4.3888	2.7798—5.8611
Средняя величина	0.8872	2.2113	2.2046	3.9294	4.1012
Состав синтагм	7	8	9	10	12
Диапазон длительности синтагм (*сек*)	2.7010—11.0721	3.6837	5.3916	8.9287	4.8469—7.6242
Средняя величина	5.5476	3.6837	5.3916	8.9287	6.4382

В результате эксперимента получены следующие данные: диапазон односложных слов 0.2388 – 0.3356 *сек*, двухсложных 0.3876 – 0.7654 *сек*, трёхсложных 0.4412 – 0.9267 *сек*, четырёхсложных

0.6267 – 0.9750 *сек*, пятисложных 0.8462 – 1.3029 *сек*, шестисложных 1.0798 *сек*, семисложных 1.2142 *сек*. Средние величины всех типов слов таковы: 1 слог — 0.2872 *сек*, 2 слога — 0.5495 *сек*, 3 слога — 0.6542 *сек*, 4 слога — 0.8193 *сек*, 5 слогов — 1.0181 *сек*, 6 слогов — 1.0798 *сек*, 7 слогов — 1.2142 *сек* (см. приложение 3, таблицу 3).

Диктор 4

Выделено 16 синтагм. Среди них 1 синтагма — из двух слов, 1 синтагма — из трёх слов, 2 синтагмы — из шести слов, 3 синтагмы — из семи слов, 1 синтагма — из девяти слов, 3 синтагмы — из десяти слов, 1 синтагма — из четырнадцати слов, 1 синтагма — из пятнадцати слов, 1 синтагма — из шестнадцати слов, 1 синтагма — из семнадцать слов, 1 синтагма — из восемнадцати слов. Диапазон длительности синтагмы из двух слов 0.7225 *сек*, синтагмы из трёх слов 1.7228 *сек*, синтагмы из шести слов 3.1331 – 5.2420 *сек*, синтагмы из семи слов 2.1003 – 3.2968 *сек*, синтагмы из девяти слов 3.0029 *сек*, синтагмы из десяти слов 3.6482 – 4.4173 *сек*, синтагмы из четырнадцати слов 6.0735 *сек*, синтагмы из пятнадцати слов 5.0780 *сек*, синтагмы из шестнадцати слов 4.0073 *сек*, синтагмы из семнадцати слов 8.9110 *сек* и синтагмы из восемнадцати слов 7.7328 *сек*. Средние величины синтагмы такие: 2 слова — 0.7225 *сек*, 3 слова — 1.7228 *сек*, 6 слов — 4.1876 *сек*, 7 слов — 2.6021 *сек*, 9 слов — 3.0029 *сек*, 10 слов — 4.1007 *сек*, 14 слов — 6.0735 *сек*, 15 слов — 5.0780 *сек*, 16 слов — 4.0773 *сек*, 17 слов — 8.9110 *сек*, 18 слов — 7.7328 *сек*. В тексте также содержатся различные паузы, которые занимают 7% (см. таблицу 4).

Таблица 4

Длительность синтагм в тексте (Дик4)

Состав синтагм	2	3	6	7	9	10
Диапазон длительности синтагм (*сек*)	0.7225	1.7228	3.1331— 5.2420	2.1003— 3.2968	3.0029	3.6482— 4.2365
Средняя величина	0.7225	1.7228	4.1876	2.6021	3.0029	4.1007
Состав синтагм	14	15	16	17	18	
Диапазон длительности синтагм (*сек*)	6.0735	5.0780	4.0773	8.9110	7.7328	
Средняя величина	6.0735	5.3916	8.9287	8.9110	7.7328	

Кроме указанных особенностей, мы сочли необходимым рассмотреть длительность слов разной степени сложности. Результаты обобщения: диапазон двухсложных слов 0.2587—0.5354 *сек*, трёхсложных – 0.4050—0.6107 *сек*, четырёхсложных – 0.4809— 0.7923 *сек*, пятисложных – 0.6834—0.7984 *сек*, шестисложных – 0.7701—0.9383 *сек*, семисложных — 0.7782 *сек*. Средние величины всех типов слов: 2 слога – 0.3997 *сек*, 3 слога – 0.6186 *сек*, 4 слога – 0.6664 *сек*, 5 слогов – 0.7610 *сек*, 6 слогов – 0.8542 *сек*, 7 слогов – 0.7782 *сек* (см. приложение 3, таблицу 4).

Из наших исследований видно, что длительность синтагм в анализируемой речи китайских дикторов в основном длительнее, чем в русском варианте 0.0039 — 3.9167 *сек*. В речи китайских дикторов чаще встречались синтагмы из 2 — 6 слов, а в речи русского диктора 6 — 10 слов и даже больше. Результаты сравнения диапазонов длительности представлены в таблицах (см. приложение з таблицу 5—6).

В **эксперименте 2** мы также записали устную речь китайских учащихся начального этапа обучения. Были проанализированы структуры синтагм, паузы как пограничные указатели и их акустические особенности. По проведённому эксперименту мы пришли к таким наблюдениям:

1) Общая длительность спонтанного текста у первого диктора составила 13.50 *сек*, у второго — 33.24 *сек*, у третьего — 39.33 *сек*, а четвёртого — 25.13 *сек* (см. диаграмму 4).

Диаграмма 4

2) Соответственно, диктор 1 выделил 6 синтагм (две синтагмы двухсловные типа *Я люблю*; три — трёхсловные, как *Меня зовут Акад*; одна — четырёхсловная (*У меня большая семья*).

3) У диктора 2 — 12 синтагм, из них семь — однословные, например: *одежду, книгу, ручку*; две — двухсловные (*подарили мне*), одна — трёхсловная (*есть хорошее настроение*) и 2 синтагмы из четырёх слов (*сегодня есть хорошая погода*).

4) У диктора 3 — 14 синтагм, из них пять однословных

(*сейчас, Надя, я*), пять двухсловных (*спокойной ночи*), одна трёхсловная (*я буду спать*), 2 синтагмы из четырёх слов (*я сделаю домашнее задание*) и одна из семи слов (*сейчас уже поздно, что ты ещё делаешь*).

5) У диктора 4—7 синтагм, из них одна — однословная (*фильм*), две — двухсловные (*свободное время, слушать музыку*), одна — трёхсловная (*мне нравится смотреть*), 2 синтагмы из четырёх слов (*я люблю читать книгу, я приехала из Китая*) и одна синтагма из восьми слов (*меня зовут Ли Зце, у меня счастливая семья*) (см. таблицу 5).

Таблица 5

Количество синтагм в речи каждого диктора

Число слов \ Дикторы	Дик1	Дик2	Дик3	Дик4
1	—	1	5	1
2	2	2	5	2
3	3	—	1	1
4	1	2	2	2
5	—	—	—	—
7	—	1	1	—
8	—	—	—	1

6) Средняя длительность синтагмы у четырёх дикторов в таком диапазоне: диктор 1—1.52 *сек*, диктор 2—1.42 *сек*, диктор 3—1.73 *сек* и диктор 4—3.13 *сек* (см. диаграмму 5).

Диаграмма 5

7) Диапазон синтагм у первого диктора 0.99 – 2.58 *сек*, у второго диктора 0.58 – 3.68 *сек*, у третьего диктора 0.43 – 4.51 *сек* и у четвёртого — 0.89 – 5.58 *сек* (см. таблицу 6).

Таблица 6

Диапазон длительности синтагм у всех дикторов

Дикторы	Дик1	Дик2	Дик3	Дик4
Диапазон длительности синтагм (*сек*)	0.99—2.58	0.58—3.68	0.43—4.51	0.89—5.58

2.3 Ритмические особенности русской речи у китайцев

При анализе интонации мы использовали показания, которые были получены с помощью компьютерной системы анализа устной речи "Speech Analyzer". Результаты анализа речевого сигнала с помощью программы "Speech Analyzer" подаются в виде графиков (образцы в приложении). Верхний график — осциллограмма, которая изображает преобразованный в машинную форму след, оставляемый на материале (например, на бумаге), — игла, возбуждённая звуковыми волнами. Этот рисунок отражает структуру слога, паузацию и другие признаки. График, расположенный под осциллограммой и/или графиком интенсивности, представляет собой тонограмму — кривую изменения во времени частоты звука (в *Гц*). Он отражает движения тона в рассматриваемых предложениях. График интенсивности расположен между осциллограммой и графиком частоты. Для некоторых примеров ниже приводятся также и их спектрограммы. Спектрограмма, в частности, наглядно отражает границы между гласными и согласными в рамках слога и слова. Условно набор графиков для конкретных фрагментов текста — тонограмму, осциллограмму, спектрограмму и кривую интенсивности — мы объединяем под общим названием *тонограмма*. Поясним также, что курсор — это вертикальная черта, пересекающая график. Для выделения обсуждаемых участков кривых используются пары курсоров, которые ограничивают участки кривой слева и справа [Янко 2008: 29 – 30]. Детально работа с используемой нами в настоящей диссертации программой описана современным исследователем из Московского государственного университета им. М.В. Ломоносова Т. Е. Янко, и мы придерживаемся этой технологии.

В **эксперименте 3** рассмотрены динамические характеристики гласных в русской речи китайцев. Мы записали спонтанную речь 6 дикторов (в речи каждого диктора примерно 5 – 6 предложений) (см. приложение 2, спонтанная речь 2) Приведём вначале цифровые данные по интенсивности.

Наши данные эксперимента, обобщённые в виде таблицы, позволяют прийти к следующим выводам:

I. Диапазон интенсивности гласных в разных положениях (см. приложение 3 таблицу 7):

1) Диапазон интенсивности гласного звука [а] в ударном положении −19.0, −0.7; в первом заударном −29.6, −2.9; во втором заударном −17.1, −2.8; в первом предударном −24.2, −2.0; во втором предударном −13.2, −6.3.

2) Диапазон интенсивности гласного звука [и] в ударном положении −24.8, −5.1; в первом заударном −18.1, −1.7; во втором заударном − 11. 2, − 10. 1; в первом предударном − 12. 3, −5.1; во втором предударном −22.5, −11.2.

3) Диапазон интенсивности гласного звука [у] в ударном положении −17.5, −1.1; в первом заударном −19.9, −6.5; во втором заударном −11.6, −2.4; в первом предударном −24.8, −5.2.

4) Диапазон интенсивности гласного звука [э] в ударном положении −24.3, −1.5; в первом заударном −26.9, −3.6; во втором заударном −22.4, −4.9; в первом предударном −21.0, −2.6.

5) Диапазон интенсивности гласного звука [о] в ударном положении −24.5, −0.1; в первом заударном −15.0, −1.3; во втором заударном −12.5, −2.5; в первом предударном −25.9, −0.9; во втором предударном −10.2, −0.1.

6) Диапазон интенсивности гласного звука [ы] в ударном положении −20.6, −4.6; в первом заударном −9.2, −2.7; во втором заударном −13.2; в первом предударном −14.1, −7.8.

II. Средние величины интенсивности гласных в разных положениях:

7) Диапазон интенсивности гласного звука [а] в ударном положении − 7.3; в первом заударном − 10.0; во втором заударном − 9.5; в первом предударном − 9.2; во втором предударном −8.6 (см. диаграмму 6).

8) Диапазон интенсивности гласного звука [и] в ударном положении − 11.7; в первом заударном − 9.8; во втором заударном − 10.7; в первом предударном − 10.6; во втором предударном −15.6 (см. диаграмму 7).

Диаграмма 6

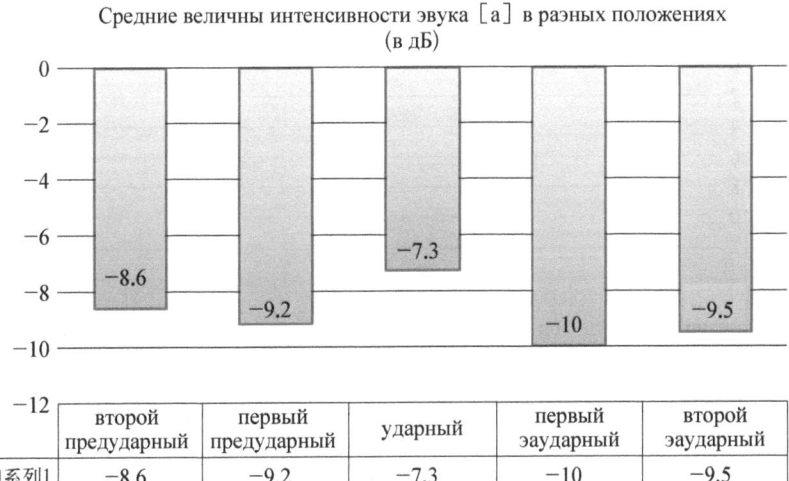

Диаграмма 7

9) Диапазон интенсивности гласного звука [у] в ударном положении – 8.6; в первом заударном – 11.5; во втором заударном –6.2; в первом предударном –9.4 (см. диаграмму 8).

Диаграмма 8

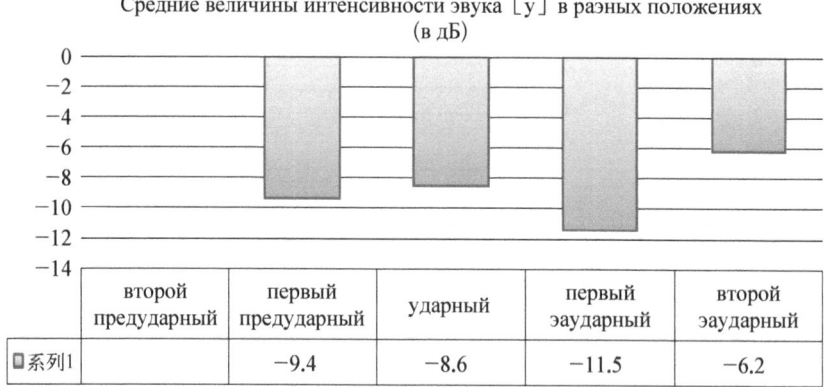

10) Диапазон интенсивности гласного звука [э] в ударном положении – 8. 9; в первом заударном – 10. 2; во втором заударном –11.9; в первом предударном –10.2 (см. диаграмму 9).

Диаграмма 9

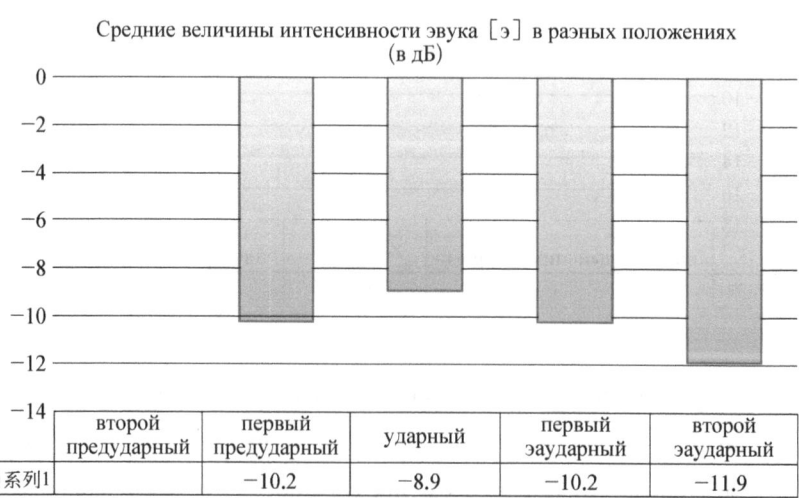

11) Диапазон интенсивности гласного звука [о] в ударном положении – 6.4; в первом заударном – 7.9; во втором заударном – 5.9; в первом предударном – 7.5; во втором предударном –2.8 (см. диаграмму 10).

Диаграмма 10

12) Диапазон интенсивности гласного звука [ы] в ударном положении – 10.0; в первом заударном – 6.0; во втором заударном –13.2; в первом предударном –11.0 (см. диаграмму 11).

Диаграмма 11

Таким образом, мы наблюдаем, что среди всех гласных звуков гласный [о] (интенсивность меньше − 10 *дБ*) является самым сильным в речи всех китайских дикторов, а самый слабый звук — гласный [и] (интенсивность колеблется от − 15 *дБ* до − 10 *дБ*) (см. диаграмму 12).

Диаграмма 12

По интенсивности можно составить следующий ряд: [и], [ы], [э], [у], [а], [о] (от самых слабых звуков до самых сильных). Это результат в основном совпадает с анализом Л. В. Златоустовой: в односложных словах гласные [а], [у], [о], [э] (после твёрдого согласного), [ы] имеют близкую интенсивность, гласные [и], [э] (между мягкими согласными) слабее первой группы [Златоустова 1962].

В **эксперименте 4** основной акцент мы сделали на анализ акустических параметров ударных гласных, их определяющих характеристик — ритмо-динамической содержательности в рамках фонетических слов и в потоке речи.

Для инструментального анализа гласных мы записали речь китайских студентов первого года обучения (материалом исследования послужили словник и связная речь-чтение см. приложение 1, текст для речи-чтения 2 - 3.), затем рассмотрели ритмо-динамическую организацию слов с применением программы "Speech Analyzer". Были полученные следующие результаты.

Диаграмма 13

Из приведённых в таблице 7 и диаграмме 13 сведений очевидно, что в изолированных словах звук [у] 0.1864 *сек* является самым длительным, а звук [ы] с длительностью 0.1024 *сек* относится к самым коротким. Порядок по длительности среди гласных звуков в изолированных словах выстраивается такой: [ы]—0.1024, [о]—0.1517, [а]—0.1584, [и]—0.1660, [э]—0.1670, [у]—0.1864. А в тексте звук [ы] 0.1844 *сек* является самым длительным, [у] 0.1094 *сек* - самым коротким. Порядок ударных гласных в тексте следующий: [у]—0.1094, [э]—0.1382, [о]—0.1419, [а]—0.1429, [и]—0.1566, [ы]—0.1844. Мы также отмечаем, что ударные гласные в изолированных словах сравнительно длиннее, чем их аналоги в тексте.

Таблица 7

Длительность ударных гласных в изолированных словах и в тексте

Ударные гласные	a		и		у		э		о		ы	
Дикторы	словник	текст	словник	текст	словник	текст	словник	текст	словник	текст	словник	текст
1	0.1623	0.1326	0.1595	0.1492	0.1113	0.1115	0.1513	0.1144	0.1262	0.1264	0.1146	0.1876
2	0.1208	0.1080	0.1340	0.1144	0.1274	0.0968	0.1560	0.1214	0.1373	0.1334	0.0780	0.1439
3	0.1450	0.1344	0.1355	0.1038	0.4906	0.1074	0.1386	0.1313	0.1318	0.1321	0.0868	0.1576
4	0.1827	0.1653	0.1601	0.1799	0.1764	0.1743	0.2078	0.1883	0.1551	0.1293	0.1135	0.1946
5	0.1398	0.1191	0.1478	0.1680	0.0914	0.0802	0.1677	0.1288	0.1717	0.1447	0.1225	0.1607
6	0.1814	0.1801	0.2547	0.1816	0.1871	0.0898	0.1876	0.1348	0.1749	0.1767	0.1089	0.1998
7	0.1771	0.1611	0.1701	0.1996	0.1203	0.1055	0.1599	0.1481	0.1651	0.1507	0.0926	0.2467
Средняя величина	0.1584	0.1429	0.1660	0.1566	0.1864	0.1094	0.1670	0.1382	0.1517	0.1419	0.1024	0.1844

Таблица 8

Интенсивность ударных гласных в изолированных словах и в тексте

Ударные гласные	a		и		у		э		о		ы	
Дикторы	словник	текст	словник	текст	словник	текст	словник	текст	словник	текст	словник	текст
1	-12.1	-10.8	-14.0	-11.7	-13.5	-14.9	-9.2	-11.5	-9.1	-6.7	-13.1	-13.2
2	-15.7	-11.5	-20.8	-18.1	-17.8	-18.3	-16.3	-12.8	-16.6	-12.5	-14.6	-14.3
3	-13.3	-12.1	-11.8	-13.2	-14.0	-12.8	-13.4	-12.6	-12.9	-11.0	-10.7	-11.5
4	-10.5	-10.9	-7.6	7.4	-3.9	-7.2	-6.2	-8.9	-9.6	-9.7	-9.1	-11.1
5	-14.1	-9.2	-11.1	-8.3	-15.9	-9.5	-12.8	-9.7	-13.8	-9.3	-7.3	-18.6
6	-25.1	-25.0	-24.0	-20.8	-24.6	-25.9	-21.4	-24.2	-24.8	-24.2	-21.8	-20.8
7	-18.3	-16.6	-15.4	-17.0	-15.7	-19.4	-15.6	-14.1	-15.6	-15.3	-17.0	-16.2
Средняя величина	-15.6	-13.7	-15.0	-11.7	-15.1	-15.4	-13.6	-13.4	-14.6	-12.7	-13.3	-15.1

Диаграмма 14

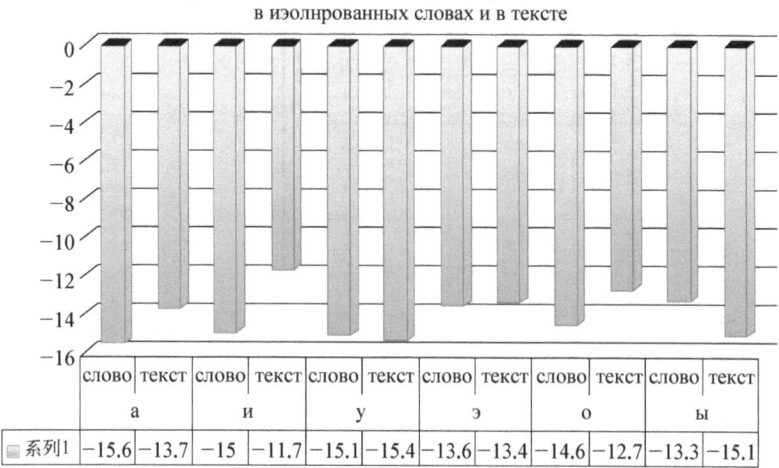

Таблица 8 и диаграмма 14 показывают, что звук [ы] (−13.3 дБ) в изолированных словах оказывается самым мощным, звук [а] (−15.6 дБ) — самым слабым. Порядок ударных звуков в изолированных слов такой: *а* (−15.6 дБ), *у* (−15.1 дБ), *и* (−15.0 дБ), *о* (−14.6 дБ), *э* (−13.6 дБ), *ы* (−13.3 дБ). А в тексте звук [и] (−11.7 дБ) по интенсивности сильнее всех остальных звуков, звук [у] (−15.4 дБ) — самый слабый звук. Порядок гласных по интенсивности в тексте следующий: *у* (−15.4 дБ), *ы* (−15.1 дБ), *а* (−13.7 дБ), *э* (−13.4 дБ), *о* (−12.7 дБ), *и* (−15.0 дБ). Ударные гласные звуки в тексте в своём большинстве имеют большую интенсивность, чем те же звуки в изолированных словах.

Анализ длительности и интенсивности был проведен и для безударных гласных. В ходе анализа были получены следующие результаты по длительности первых предударных гласных:

1. Диапазон длительности первых предударных гласных [а] у китайских дикторов 0.1340 − 0.1815 сек, средняя величина

0.1558 *сек*, в изолированных словах. В тексте диапазон длительности первых предударных гласных [*а*] у китайских дикторов 0.0888 – 0.2476 *сек*, средняя величина 0.1443*сек*.

2. Диапазон длительности первых предударных гласных [*и*] у китайских дикторов 0.0637 – 0.1155 *сек*, средняя величина 0.0900 *сек*, в изолированных словах. В тексте диапазон длительности первых предударных гласных [*и*] у китайских дикторов 0.0810 – 0.1458 *сек*, средняя величина 0.1120 *сек*.

3. Диапазон длительности первых предударных гласных [*у*] у китайских дикторов 0.0947 – 0.1877 *сек*, средняя величина 0.1311 *сек*, в изолированных словах. В тексте диапазон длительности первых предударных гласных [*у*] у китайских дикторов 0.0711 – 0.1382 *сек*, средняя величина 0.1156 *сек*.

4. Диапазон длительности первых предударных гласных [*э*] у китайских дикторов 0.1194 – 0.1874 *сек*, средняя величина 0.1522 *сек*, в изолированных словах. В тексте диапазон длительности первых предударных гласных [*э*] у китайских дикторов 0.1037 – 0.1981 *сек*, средняя величина 0.1511 *сек*.

5. Диапазон длительности первых предударных гласных [*о*] у китайских дикторов 0.1141 – 0.1664 *сек*, средняя величина 0.1423 *сек*, в изолированных словах. В тексте диапазон длительности первых предударных гласных [*о*] у китайских дикторов 0.0980 – 0.1868 *сек*, средняя величина 0.1452 *сек*.

6. Диапазон длительности первых предударных гласных [*ы*] у китайских дикторов 0.0907 – 0.1874 *сек*, средняя величина 0.1371 *сек*, в изолированных словах. В тексте диапазон длительности первых предударных гласных [*ы*] у китайских дикторов 0.0826 – 0.1343 *сек*, средняя величина 0.1142 *сек*. Результаты длительности безударных гласных в изолированных словах и в тексте представлены в таблице 9.

Таблица 9

Длительность первых предударных гласных в изолированных словах и в тексте

Гласные	а		и		у		э		о		ы	
Дикторы	словник	текст	словник	текст	словник	текст	словник	текст	словник	текст	словник	текст
1	0.1340	0.1152	0.0932	0.1420	0.1174	0.1181	0.1363	0.1343	0.1141	0.0980	0.0907	0.0954
2	0.1438	0.0888	0.0637	0.1023	0.1184	0.0711	0.1194	0.1037	0.1289	0.1258	0.1150	0.1294
3	0.1792	0.2115	0.1172	0.1458	0.1115	0.1196	0.1206	0.1390	0.1330	0.1407	0.1034	0.1343
4	0.1435	0.1156	0.0918	0.0993	0.1667	0.1322	0.1697	0.1640	0.1649	0.1773	0.1874	0.1140
5	0.1439	0.1082	0.0852	0.0810	0.0947	0.1171	0.1874	0.1643	0.1562	0.1364	0.1292	0.0826
6	0.1815	0.1091	0.1155	0.1192	0.1877	0.1382	0.1480	0.1981	0.1664	0.1868	0.1641	0.1219
7	0.1638	0.2476	0.0636	0.0943	0.1212	0.1128	0.1843	0.1543	0.1327	0.1517	0.1698	0.1220
Средняя величина	0.1558	0.1443	0.0900	0.1120	0.1311	0.1156	0.1522	0.1511	0.1423	0.1452	0.1371	0.1142

Проведенный анализ интенсивности безударных гласных показал следующее:

1. Диапазон интенсивности первых предударных гласных [*а*] у китайских дикторов −23.2 — 11.1 *дБ*, средняя величина −16.4 *дБ* в изолированных словах. В тексте диапазон интенсивности первых предударных гласных [*а*] у китайских дикторов −25.9 — 12.1 *дБ*, средняя величина −16.3 *дБ*.

2. Диапазон интенсивности первых предударных гласных [*и*] у китайских дикторов −35.3 — 0.1 *дБ*, средняя величина −14.9 *дБ* в изолированных словах. В тексте диапазон интенсивности первых предударных гласных [*и*] у китайских дикторов −34.4 — 2.7 *дБ*, средняя величина −18.1 *дБ*.

3. Диапазон интенсивности первых предударных гласных [*у*] у китайских дикторов −25.1 — 13.4 *дБ*, средняя величина −18.5 *дБ* в изолированных словах. В тексте диапазон интенсивности первых предударных гласных [*у*] у китайских дикторов −27.3 — 7.8 *дБ*, средняя величина −17.2 *дБ*.

4. Диапазон интенсивности первых предударных гласных [*э*] у китайских дикторов −22.8 — 6.9 *дБ*, средняя величина −12.4 *дБ* в изолированных словах. В тексте диапазон интенсивности первых предударных гласных [*э*] у китайских дикторов −22.5 — 3.7 *дБ*, средняя величина −10.8 *дБ*.

5. Диапазон интенсивности первых предударных гласных [*о*] у китайских дикторов −26.0 — 11.1 *дБ*, средняя величина −15.8 *дБ* в изолированных словах. В тексте диапазон интенсивности первых предударных гласных [*о*] у китайских дикторов −26.0 — 8.0 *дБ*, средняя величина −15.1 *дБ*.

6. Диапазон интенсивности первых предударных гласных [ы] у китайских дикторов −25.3 — 11.9 *дБ*, средняя величина −15.7 *дБ* в изолированных словах. В тексте диапазон интенсивности первых предударных гласных [ы] у китайских дикторов −23.4 — 8.4 *дБ*, средняя величина −13.4 *дБ* (см. таблицу 10).

Был проведен анализ заударных гласных. В ходе анализа были получены следующие результаты, связанные с длительностью первых заударных гласных:

1. Диапазон длительности первых заударных гласных [а] у китайских дикторов 0.0884 − 0.1446 *сек*, средняя величина 0.1149 *сек*, в изолированных словах. В тексте диапазон длительности первых заударных гласных [а] у китайских дикторов 0.0819 — 0.1709 *сек*, средняя величина 0.1203 *сек*.

2. Диапазон длительности первых заударных гласных [и] у китайских дикторов 0.1330 — 0.2543 *сек*, средняя величина 0.1823 *сек*, в изолированных словах. В тексте диапазон длительности первых заударных гласных [и] у китайских дикторов 0.0971 — 0.2110 *сек*, средняя величина 0.1553 *сек*.

3. Диапазон длительности первых заударных гласных [у] у китайских дикторов 0.0629 — 0.2002 *сек*, средняя величина 0.1405 *сек*, в изолированных словах. В тексте диапазон длительности первых заударных гласных [у] у китайских дикторов 0.0820 — 0.2082 *сек*, средняя величина 0.1409 *сек*.

4. Диапазон длительности первых заударных гласных [э] у

Таблица 10

Интенсивность первых предударных гласных в изолированных словах и в тексте

Гласные	а		и		у		э		о		ы	
Дикторы	словник	текст	словник	текст	словник	текст	словник	текст	словник	текст	словник	текст
1	-16.1	-12.6	-2.9	-8.3	-19.5	-16.7	-11.9	-6.4	-12.9	-13.5	-16.6	-12.3
2	-20.3	-18.0	-0.1	-2.7	-19.0	-18.3	-11.6	-11.0	-17.9	-16.3	-12.4	-8.4
3	-13.2	-12.9	-10.0	-19.0	-15.8	-15.7	-10.0	-11.8	-13.8	-12.9	-13.8	-10.7
4	-11.1	-12.1	-12.5	-19.6	-13.4	-15.8	-6.9	-7.3	-11.1	-12.4	-11.9	-9.6
5	-13.4	-13.8	-25.5	-27.0	-16.3	-7.8	-10.1	-3.7	-11.8	-8.0	-13.5	-10.6
6	-23.2	-25.9	-35.3	-34.4	-25.1	-27.3	-22.8	-22.5	-26.0	-26.0	-25.3	-23.4
7	-17.6	-18.6	-17.7	-16.2	-20.1	-18.9	-13.4	-12.7	-17.0	-16.6	-16.6	-18.5
Средняя величина	-16.4	-16.3	-14.9	-18.1	-18.5	-17.2	-12.4	-10.8	-15.8	-15.1	-15.7	-13.4

китайских дикторов 0.0939 — 0.3761 *сек*, средняя величина 0.1779*сек*, в изолированных словах. В тексте диапазон длительности первых заударных гласных [э] у китайских дикторов 0.0734 — 0.1444 *сек*, средняя величина 0.1195*сек*.

5. Диапазон длительности первых заударных гласных [о] у китайских дикторов 0.1092 — 0.2120 *сек*, средняя величина 0.1660*сек*, в изолированных словах. В тексте диапазон длительности первых заударных гласных [о] у китайских дикторов 0.1302 — 0.2143 *сек*, средняя величина 0.1644*сек*.

6. Диапазон длительности первых заударных гласных [ы] у китайских дикторов 0.1001 — 0.2362 *сек*, средняя величина 0.1802*сек*. в изолированных словах. В тексте диапазон длительности первых заударных гласных [ы] у китайских дикторов 0.0829 — 0.1867 *сек*, средняя величина 0.1540 *сек* (см. таблицу11).

Проведенный анализ интенсивности первых заударных гласных у китайских дикторов показал следующее:

1. Диапазон интенсивности первых заударных гласных [а] у китайских дикторов −28.4 — 3.4 *дБ*, средняя величина −14.6 *дБ* в изолированных словах. В тексте диапазон интенсивности первых заударных гласных [а] у китайских дикторов −19.7 — 0.2 *дБ*, средняя величина −10.0 *дБ*.

2. Диапазон интенсивности первых заударных гласных [и] у китайских дикторов −24.6 — 10.5 *дБ*, средняя величина −18.5 *дБ* в изолированных словах. В тексте диапазон интенсивности первых заударных гласных [и] китайских дикторов −23.6 — 7.8 *дБ*, средняя величина −14.9 *дБ*.

Таблица 11

Длительность первых заударных гласных в изолированных словах и в тексте

Гласные	а		и		у		э		о		ы	
Дикторы	словник	текст	словник	текст	словник	текст	словник	текст	словник	текст	словник	текст
1	0.1446	0.1083	0.1330	0.1697	0.2000	0.1099	0.1241	0.1348	0.1092	0.1302	0.1845	0.0829
2	0.0884	0.0989	0.1469	0.0971	0.2002	0.2082	0.0939	0.0734	0.1497	0.1478	0.1001	0.0833
3	0.1416	0.1709	0.1992	0.1382	0.1727	0.1894	0.3761	0.1138	0.1395	0.1522	0.1772	0.2900
4	0.1056	0.1304	0.1960	0.2110	0.0629	0.0820	0.1570	0.1015	0.1834	0.1842	0.1606	0.1556
5	0.1003	0.0959	0.1675	0.1440	0.1197	0.1161	0.1848	0.1444	0.1704	0.1596	0.1754	0.1867
6	0.1113	0.1559	0.1795	0.1950	0.1204	0.1377	0.1327	0.1325	0.1978	0.1626	0.2274	0.1495
7	0.1127	0.0819	0.2543	0.1323	0.1073	0.1427	0.1770	0.1362	0.2120	0.2143	0.2362	0.1298
Средняя величина	0.1149	0.1203	0.1823	0.1553	0.1405	0.1409	0.1779	0.1195	0.1660	0.1644	0.1802	0.1540

3. Диапазон интенсивности первых заударных гласных [у] у китайских дикторов −28.8 — 0.5 дБ, средняя величина −15.9 дБ в изолированных словах. В тексте диапазон интенсивности первых заударных гласных [у] у китайских дикторов −26.6 — 3.5 дБ, средняя величина −16.9 дБ.

4. Диапазон интенсивности первых заударных гласных [э] у китайских дикторов −25.4 — 0.9 дБ, средняя величина −18.4 дБ в изолированных словах. В тексте диапазон интенсивности первых заударных гласных [э] у китайских дикторов −23.4 — 9.7 дБ, средняя величина −15.2 дБ.

5. Диапазон интенсивности первых заударных гласных [о] у китайских дикторов −23.3 — 10.3 дБ, средняя величина −17.1 дБ в изолированных словах. В тексте диапазон интенсивности первых заударных гласных [о] у китайских дикторов −26.9 — 12.7 дБ, средняя величина −17.5 дБ.

6. Диапазон интенсивности первых заударных гласных [ы] у китайских дикторов −26.3 — 11.2 дБ, средняя величина −17.0 дБ в изолированных словах. В тексте диапазон интенсивности первых заударных гласных [ы] у китайских дикторов −22.8 — 10.1 дБ, средняя величина −15.6 дБ (см. таблицу 12).

Таким образом, предударные гласные [а], [у], [э], [ы] в изолированных словах длительнее, чем аналогичные гласные в тексте; исключением являются гласные [и], [о]. Интенсивность предударных гласных [а], [у], [э], [ы] в изолированных словах слабее, чем аналогичных гласных; гласные [и], [о] также являются исключением.

Таблица 12

Интенсивность первых заударных гласных в изолированных словах и в тексте

Гласные	a		и		у		э		о		ы	
Дикторы	словник	текст	словник	текст	словник	текст	словник	текст	словник	текст	словник	текст
1	-6.8	-5.9	-21.0	-14.3	-0.5	-9.6	-19.5	-9.7	-20.4	-18.4	-17.8	-18.5
2	-3.4	-0.2	-23.5	-16.7	-3.9	-3.5	-24.4	-19.2	-19.8	-17.1	-26.3	-16.7
3	-18.0	-16.4	-16.4	-13.2	-25.7	-19.1	-18.3	-15.7	-14.7	-14.8	-14.5	-10.5
4	-11.3	-9.0	-10.5	-7.8	-21.2	-19.2	-9.0	-12.0	-10.3	-12.7	-11.2	-10.1
5	-18.9	-19.7	-14.9	-11.4	-14.7	-19.4	-15.2	-11.7	-14.8	-12.7	-14.5	-13.1
6	-28.4	-2.8	-24.6	-23.6	-28.8	-26.6	-25.4	-23.4	-23.3	-26.9	-20.5	-22.8
7	-15.1	-15.6	-18.7	-17.1	-16.8	-19.4	-16.8	-14.9	-16.4	-19.9	-14.0	-17.5
Средняя величина	-14.6	-10.0	-18.5	-14.9	-15.9	-16.9	-18.4	-15.2	-17.1	-17.5	-17.0	-15.6

Заударные гласные [и], [э], [о], [ы] в изолированных словах более длительные, чем аналогичные гласные в тексте; гласные [а], [у] в данном случае являются исключением. Интенсивность заударных гласных [и], [э], [о], [ы] в изолированных словах сильнее, чем аналогичные гласные в тексте; исключением являются гласные [у], [о].

Сравнивая гласные в предударном и заударном положении, наблюдаем, что заударные гласные в основном длительнее предударных в изолированных словах и в тексте [и], [у], [э], [о], [ы]. Исключением является гласный [а]. Интенсивность гласных [а], [у] в заударном положении сильнее, чем в предударном; гласные [и], [э], [ы], [о] в предударном положении более сильные.

2.4 Специфика ЧОТ в речи китайцев

Анализ результатов исследований, проведённых на супрасегментном уровне, показывает, что частота основного тона (ЧОТ) — акустический коррелят высоты — является одним из самых универсальных параметров выражения просодии в речи. Частота основного тона принимает участие в передаче почти всех видов просодической и интонационной информации. При этом следует отметить, что частотные характеристики являются одновременно достаточно мощным параметрами, так как в очень многих случаях выступают в качестве ведущих в общем комплексе акустических параметров, используемых говорящими для выражения просодической и интонационной информации. Обе отмеченные особенности ЧОТ обусловливают необходимость её детального рассмотрения.

Частота основного тона характеризует звуки, произносимые с участием голоса. Уже доказано, основным свойством голосового источника является периодичность колебаний голосовых связок. Время, необходимое для того, чтобы связки разошлись и затем вернулись в исходное положение, т. е. длительность одного цикла работы голосовых связок (T_0) обратно пропорционально величине подсвязочного давления и степени упругости голосовых связок. Частота основного тона F_0 является величиной обратной T_0 и равна: $\boldsymbol{F_0 = 1/T_0}$.

При изучении явлений просодии и интонации из рассмотрения должны быть исключены такие особенности, как модификации ЧОТ, обуславливаемые сегментным составном речевых сигналов. В литературе имеется ряд указаний о характере изменения ЧОТ в зависимости от особенностей сегментного состава. В результате целого ряда исследований обнаружена зависимость ЧОТ от характера гласного. Узкие гласные имеют более высокую собственную ЧОТ, чем широкие гласные. Различия в собственной ЧОТ гласных связывают также с различной степенью продвинутости знания языка, освоенности артикуляционной базы. Наиболее высокими оказываются гласные переднего ряда, наиболее низкими — гласные заднего ряда. Однако различия по собственной частоте основного тона между отдельными гласными настолько малы, что в исследованиях супрасегментного плана, особенно в интонационных, могут приниматься во внимание.

Наибольшие вариации в движении ЧОТ отмечаются на границе между гласными и согласными. Наиболее ярко пертурбации ЧОТ выражены на границе шумных согласных и открытых гласных, т. е. в слогах с максимальным контрастом между гласным и согласным. Наименее ярко пертурбации ЧОТ отмечаются между гласным и сонорным согласным, т. е. там, где контраст минимален. При этом следует отметить, что основное влияние на изменение ЧОТ гласного оказывает предшествующий согласный и это влияние ограничивается начальным участком гласного сегмента.

К настоящему времени установлено, что для ЧОТ гласного более мощным фактором является характеристика предшествующего согласного по признаку *глухость/звонкость*, чем его способ образования. В положении после глухих согласных отмечается повышение ЧОТ на начальном участке последующего гласного до 20%. Звонкие согласные оказывают понижающее на ЧОТ соседнего гласного. Влияние звонких согласных более действенно для гласных высокого подъёма, чем для гласных низкого подъёма, в свою очередь влияние звонких щелевых превосходит влияние звонких взрывных согласных.

Самые высокие средние значения ЧОТ гласного наблюдаются в слогах, включающих глухой согласный и гласный высокого подъёма, самые низкие значения — в слогах, состоящих из звонкого согласного и гласного низкого подъёма. В двух других возможных комбинациях взаимодействующие факторы стремятся к взаимному уничтожению, что ведёт к нейтрализации влияния на ЧОТ гласного, характера его образования и консонантного окружения в слоге. Таким образом, наиболее удобным для определения среднего уровня оказываются слоги, включающие: а) глухой согласный и низкий гласный; б) звонкий согласный и высокий гласный (см. осциллограммы 2)

Осциллограммы 2

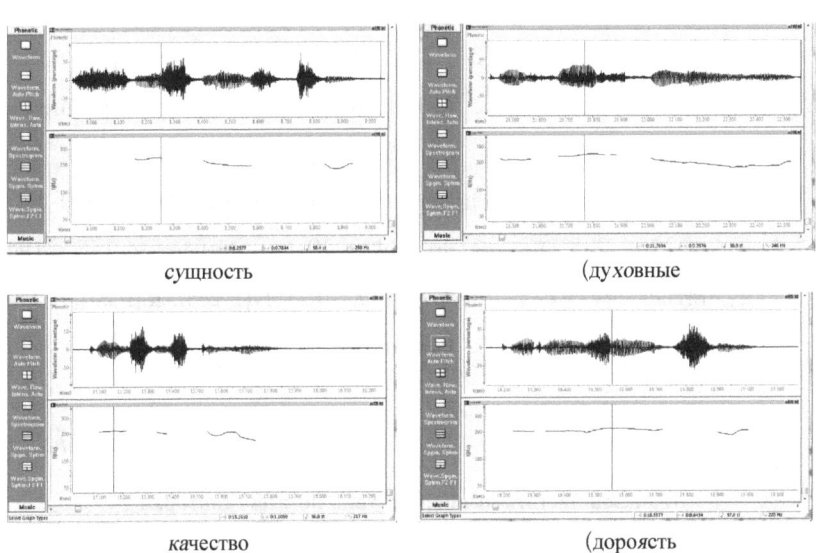

сущность (духовные

качество (дорояcть

В литературе имеются также указания на то, что изменения ЧОТ могут вызываться твёрдым приступом гласных. В данном случае имеется кратковременное повышение ЧОТ. Кратковременное понижение ЧОТ отмечается при придыхании. Время, необходимое для достижения запланированной ЧОТ, составляет при твёрдом приступе 20 – 30 *мсек*, при придыхании — 30 – 40 *мсек*. Естественно, что и эти изменения ЧОТ в интонационных исследованиях учитываться не должны [Блохина 1982: 4 – 5, 7, 9].

В **эксперименте 5** мы, главным образом, рассмотрели ЧОТ. Была проанализирована речь-чтение художественного текста, дикторы -китайские студенты первого курса (см. текст для речи-чтения в приложении 1, текст для речи-чтения 2 – 3). Проведенный анализ дал следующие результаты:

1. Число синтагм, выделенных китайскими студентами, около тридцати в целом тексте. Среди которых диктор 1 – 21, диктор 2 – 26, диктор 3 – 28, диктор 4 – 23, диктор 5 – 21, диктор 6 – 30, диктор 7 – 23, диктор 8 – 27 (см. приложение 3, таблицу 8);

2. Диапазон ЧОТ синтагм: первый диктор 249 – 300 *Гц*, второй 226 – 285 Гц, третий 189 – 240 *Гц*, четвертый 148 – 194 *Гц*, пятый 247 – 272, шестой 149 – 163 *Гц*, седьмой 201 – 240 *Гц*, восьмой 172 – 242 *Гц* (см. таблицу 13);

Таблица 13

Диапазон частоты основного тона по всем дикторам

Дикторы	Дик1	Дик2	Дик3	Дик4	Дик5	Дик6	Дик7	Дик8
Диапазон (*сек*)	249—300	226—285	189—240	148—194	247—272	149—163	201—240	172—242

3. Диапазон количества слогов в синтагмах каждого дикторов соответственно составил у первого диктора 3 — 21, у второго-2 — 17, у третьего -2 — 12, у четвертого -3 — 13, у пятого- 2 — 12, у шестого - 2 — 11, у седьмого - 2 — 19, у восьмого-2—17 (см. приложение 3, таблицу 9).

Итак, диапазон ЧОТ у китайских учащихся составляет около 150—350 Гц. В их речи-чтении не наблюдаются значительные речевые колебания, большинство синтагм произносятся ровно (см. график 1).

График 1

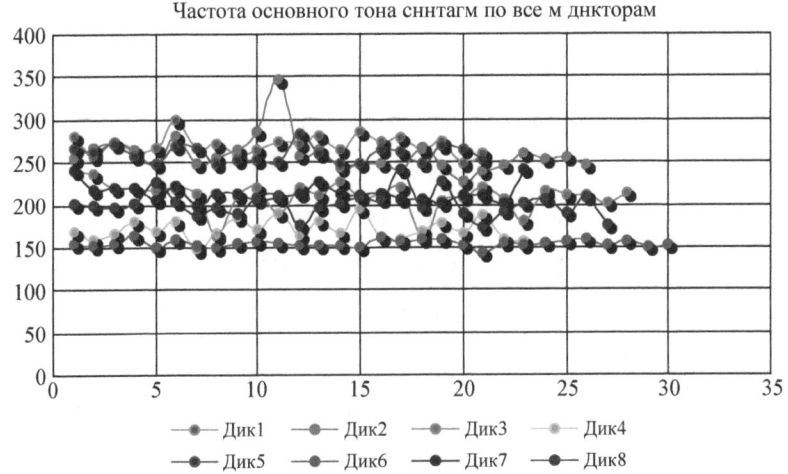

При интонационном анализе важно учитывать конечное и неконечное положение синтагмы, её семантическую завершённость и незавершённость. Термины *синтагма* и *интонационная конструкция* (ИК) не синонимы. *Синтагма* показывает, на сколько интонационных частей расчленено предложение, интонационная конструкция показывает, как произносится синтагма. Одна и та же синтагма может быть произнесена с разными типами ИК.

При членении предложения на синтагмы пауза возможна, но необязательна. При членении происходит перестройка в артикуляции: образуются новые интонационные центры, в большинстве случаев меняются уровни тона [Брызгунова 1969: 101 – 102].

Как мы уже оговаривали, помимо классификации ИК по Е. А. Брызгуновой, существуют и другие классификации, но для иностранцев в основном применяется концепция Е.А. Брызгуновой.

Порождение речи на неродном языке всегда служит показателем степени совершенства лингвокогнитивной компетенции человека. Естественно, что формирование речи должно основываться на целом ряде факторов; применение инструментального метода исследования звучащей речи с помощью программы "Speech Analyzer" позволяет нам выработать следующую технику обучения.

Акустический анализ параметров длительности в рамках ударности — безударности в слоге, синтагме крайне важен для ритмики речи. Студенты, используя кривые длительности, могут не просто варьировать темп речи, диапазон гласных для передачи смысловых отношений, но и целенаправленно, ориентируясь на графики, моделировать ритмику целого высказывания. Длительность гласных в изолированном произношении следует коррелировать с фонацией в связной речи. Студенты продвинутого уровня обучения могут моделировать ритм речи в эмотивном плане, что также свидетельствует о степени овладения нормами порождения речи на русском языке.

Конечно, параметр интенсивности более связан с эмоциональностью речи, о чем неоднократно говорили фонетисты-прикладники; задания по динамической формализации речи в иноязычной среде должны носить обязательный характер.

Постановка просодии речи у нерусских требует учёта всего комплекса акустических свойств речи, особенно это актуально в связи с описанием и применением параметра ЧОТ.

Использование компьютерной программы позволяет не только провести собственно акустический анализ, акустические данные помогают усовершенствовать навыки аудиции речи как собственной, так и чужой; воспроизводить по графикам варианты возможного произнесения.

Анализ данных ЧОТ, уровень их мелодической направленности, как правило, указывает на полноту освоения русской интонации в соответствии с фразовым контекстом.

Заключение

В результате проведенного анализа научной литературы, концепции Казанской лингвистической школы, а также собственного экспериментального исследования просодии русской устной связной речи китайских учащихся — осуществлен ряд экспериментов по определению просодических характеристик речи: длительности, интенсивности, частоты основного тона — достигнуты цели и решены задачи исследования.

Анализ научной литературы показал имеющееся разнообразие теоретических положений, касающихся освещения просодии русской речи вообще. Особое внимание уделялось выбору необходимой методологической и методической базы. Нами был изучен опыт советских и российских ученых-лингвистов, проводивших исследования в области акустического анализа звуков речи, членения речи, функций просодии речи и т.п.

В ходе исследования мы опирались на концепцию Казанской лингвистической школы, определяющей речь как сложный ассоциативный агрегат и придающей физическим свойствам речи особое значение. Поэтому наше исследование выполнено в традициях экспериментально-фонетических исследований, проводимых в Казанском университете со второй половины XX века. Имеющееся значительное число исследований по акустической формализации речи убедило нас в том, что в современных условиях активных языковых контактов обнаруживается необходимость привлечения новых языков для уточнения характера, динамики изменения звуков, выявления универсальных и уникальных признаков звучащей речи.

Кроме того, опираясь на имеющиеся передовые современные научные технологии, мы проанализировали длительность гласных звуков, слогов, синтагм в связной речи китайских учащихся. Это особенно важно, т.к. ритмика слова в китайском языке строится на иных принципах. Учитывая этот факт, считаем, что в практике обучения русскому языку как иностранному возрастает роль учета фонационной динамики звуков в изолированном произношении и в связной речи, например, в речи-чтении.

Важный этап теоретических исследований, как известно, связан с экспериментальной фонетикой, которая в настоящее время успешно применяет компьютерные технологии для исследования речевого сигнала. При этом акустическая формализация речи необходима для выработки объективных знаний о природе звуков как в изолированном виде, так и в связной речи.

В настоящем исследовании использована практическая методика проведения эксперимента. Так, экспериментально-фонетическое исследование просодии русской речи китайских учащихся проведено с применением технологии Speech Analyzer. Для этого в память ПК записывались звуковые файлы в формате МР3, которые затем обрабатывались с помощью Speech Analyzer.

Проведенные эксперименты базировались на принятых в современной инструментальной фонетике методиках: работа с дикторами-информантами, процесс записи, классификация выделенных параметров акустических сигналов с помощью Speech Analyzer и т.д. Принимаем во внимание тот факт, что фонетический аспект речевой деятельности стоит признать важным при решении вопросов порождения и восприятия речи на неродном языке.

Всего было проведено пять экспериментов, направленных на выявление длительности пауз у китайских и русских дикторов; временнóй организации синтагм; количества и длительности пауз спонтанной речи у четырех китайских дикторов, изучавших русский язык в течение одного года; структуры синтагм, паузы как пограничных указателей и их акустических особенностей в спонтанной речи китайских учащихся; динамических характеристик гласных в русской речи китайцев, изучающих русский язык 3 года; акустических параметров ударных гласных, их определяющих характеристик — ритмо-динамической содержательности в рамках фонетических слов и в потоке речи; особенностей частоты основного тона.

Материалом для исследования послужила связная русская речь студентов-китайцев, обучающихся в Казанском федеральном университете на начальном и продвинутом этапах изучения русского языка как иностранного. Записи производились как по подготовленному тексту, так и в речевом жанре — бытовой рассказ, также были сделаны записи по словнику.

Изложение основных параметров просодии русской речи у китайских учащихся в определенных видах речи является своего рода попыткой не только продемонстрировать актуальность и целесообразность инструментальной технологии, но и раскрыть моделирование просодическими возможностями речи в функциональном преломлении.

Интерпретация теоретических положений при освещении просодии речи служила необходимой методической базой; но параллели не всегда возможны в силу тонкостей акустического анализа, хотя основные тенденции все же прослеживаются. Это касается освещения принципов членения речи, функций просодии речи и т.п.

Экспериментальное исследование темпоральной организации слов в русской речи китайских учащихся показало, что параметр длительности достаточно значим при сегментации текста на более мелкие отрезки, что ритмический фактор воспринимается при говорении на русском языке. Ударность/безударность маркируется, но различия не столь резкие (см. эксперимент 4). На продвинутом этапе обучения эти тенденции ярче прослеживаются в пределах синтагмы.

Акустическая изменчивость звуков показательна и в плане уточнения механизмов редукции в слове; иерархия звуков по степени редукция говорит о большей временной независимости гласных. По ранговому порядку гласные в русской речи китайских учащихся в изолированном произнесении — [у], [и], [э], [а], [о]; в тексте — [ы], [и], [э], [о], [а]. Эти результаты свидетельствуют о том, что в русской речи китайских учащихся характер редукции также достаточно разнообразный, чем это требуется нормой русского языка.

Длительность синтагмы свидетельствует об усвоении общих критериев сегментации речи, но не всегда при этом ведущим становится критерий смысловой важности, тогда как для просодии речи в нормативном плане это считается наиболее важным. Результаты исследования свидетельствуют о том, что членение звучащей русской речи китайскими учащимися начального этапа обучения во многом зависит от фонационных моментов (на примере порождения текста в жанре бытового рассказа). Вместе с тем достаточно большой слоговой объем синтагм указывает на своеобразие восприятия китайскими учащимися потенциального выделения синтагм в речи, их смыслового кодирования, что сопряжено с фонетико-акустической информацией речи.

Действительно, изучая эти особенности, мы можем сделать вывод, что на начальном этапе обучения китайские дикторы-информанты слабо владеют навыками просодической маркированности прагматической установки в речи, они не умеют нормативно выстраивать параллели между фонетическими и грамматическими элементами речи.

Параметр интенсивности для нас был важен и как критерий эмоциональной окраски речи, как умение во всем многообразии передать свое отношение к смыслу речи. Появляется возможность соотнести кривые интенсивности с динамикой смыслового прочтения в речи. Исследователи русского языка иногда еще привносят фактор актуального членения, тема-рематический фокус. Наше исследование позволило составить такую ранговую последовательность интенсивности [и], [ы], [э], [у], [а], [о].

В основном были выявлены такие виды кривых интенсивности, которые говорили о равновеликости гласных в плане мощности, что указывает на слабое использование фактора мощности при передаче модальности речи, ее эмоциональности.

В ходе анализа ЧОТ были выявлены характерные типы мелодик в русской спонтанной и квазиспонтанной речи китайских учащихся, а также их акустические рисунки. Наиболее частотными были кривые ЧОТ, указывающие на определенную нейтрализацию завершенности и незавершенности, что не всегда отвечало содержанию текста.

Проведенный эксперимент по соответствию максимальных значений ЧОТ и сильных позиций показал, насколько говорящие на неродном языке могут актуализировать эти соотношения. В результате пришли к выводу, что для китайских учащихся продвинутого этапа обучения эта актуализация может считаться нормативной; при этом акустические величины несущественно отличаются по сравнению с эталоном русского нормативного произнесения.

Просодия русской речи у китайских учащихся может быть систематизирована в следующем плане:

— длительность показательна для актуализации синтагм в связи с общей смысловой установкой;

— характер редукции говорит об иной степени, чем это отмечается в русском языке; сравнительный анализ редукции гласных позволяет сказать, что следует разнообразить тексты с целью формирования у иностранных носителей характерных моделей редукции;

— интенсивность как динамическая структура участвует в общем процессе просодической формализации; модели интенсивности имеют в основном вид монотона; поэтому стоит обратить внимание на порождение речи в широком диапазоне эмотивности;

— паузация включается в процедуру синтагматического членения; преобладают паузы грамматические реальные;

— синтагматическое членение в речи китайских учащихся достаточно многообразное; наиболее частотны синтагмы однословные у китайских учащихся на начальном этапе обучения; их длина увеличивается на продвинутом этапе обучения;

— кривые ЧОТ весьма разнообразные; восходящие мелодики в

соответствии с коммуникативным замыслом представлены; у китайских учащихся на начальном этапе обучения они менее изрезаны, направление их движения не характеризуется резкими спадами и подъемами; у китайских учащихся на начальном этапе обучения, по-видимому, стоит уделять внимание мелодическому тренингу;

— просодическая актуализация синтагмы вполне может служить фактором уровневой оценки лингвистической/фонационной компетенции китайских учащихся;

— желательно для китайских учащихся составить алгоритм просодической культуры речи с введением в процесс обучения акустических данных, полученных с помощью программы Speech Analyzer.

Применение в фонетических исследованиях компьютерной программы Speech Analyzer позволяет выявить кардинальные особенности звучащей речи не только у китайских учащихся, но и у носителей разных языков; в частности, наш объект исследования — русская речь китайских учащихся. В настоящее время акустическая типология речи оказывается значимой для решения вопросов не только теории речи, как показало наше исследование, для усовершенствования навыков речевой компетенции при освоении русской фонетики стоит включать тренинги с использованием данных акустической фонетики, программа Speech Analyzer предоставляет такую возможность.

Литература

1. *Аванесов Р.И.* Фонетика современного русского литературного языка/Р.И. Аванесов. — М.: Изд-во Моск. ун-та, 1956. — 240 с.

2. Акустика речи и слуха/под ред. Л.А. Чистович. — Л.: Наука, 1986. — 287 с.

3. *Альмухамедова З. М.* Редукция гласных и просодия слова в окающих русских говорах: экспериментально-фонетическое исследование/ З.М. Альмухамедова, Р.Э. Кульшарипова. — Казань: Изд-во Казан. ун-та, 1980. — 110 с.

4. *Антипова А. М.* Ритмическая организация английской речи (экспериментально-теоретическое исследование ритмообразующей функции просодии): Автореф. дис. ... д-ра филол. наук/А. М. Антипова. — М., 1980. — 35 с.

5. *Антипова А.М.* Ритмическая система английской речи/А.М. Антипова. — М.: Высш. шк., 1984. — 118 с.

6. *Антипова А. М.* О взаимодействии вербальных и невербальных средств общения в спонтанной разговорной речи/А. М. Антипова // Проблемы спонтанной разговорной речи. — М.: Моск. гос. пед. ин-т иностр. яз. им. М. Тореза, 1989. — Вып. 332. — С. 61 – 75.

7. *Артёмов В.А.* Экспериментальная фонетика/В.А. Артёмов. — М.: Изд-во лит. на иностр. яз., 1956. — 227 с.

8. *Артёмов В.А.* Коммуникативная, синтаксическая, логическая и модальная функция интонации/В. А. Артёмов // Материалы коллоквиума по экспериментальной фонетике и психологии речи. — М.: МГУ, 1966. — С.12 – 15.

9. *Бабушкина Е.А.* Билингвизм и просодическая интерференция/ Е.А. Бабушкина // Вестн. Моск. гос. лингв. ун-та. Языкознание. Социофонетика звучащей речи. — 2011. — Вып. 1 (607). — С. 9 – 21.

10. *Бархударова Е.Л.* Лингвистические основы создания национально ориентированных курсов русской фонетики/Е.Л. Бархударова. — М.: Изд-во Моск. ун-та, 2007. — 134 с.

11. *Блохина Л.П.* Методика анализа просодических характеристик речи/Л.П. Блохина, Р.К. Потапова. — М.: Изд-во МГПИИЯ им. М. Тореза, 1982. — 75 с.

12. *Блохина Л.П.* Специфика фонетической организации спонтанных текстов/Л.П. Блохина // Звучащий текст. — М.: ИНИОН АН СССР, 1983. — С. 61 – 76.

13. *Блохина Л.П.* Перцептивная категоризация паузальной сегментации слитной речи/Л.П. Блохина // Пространственно-временные признаки речи. — М.: Изд-во МГПИИЯ им. М. Тореза, 1986. — С. 92 – 105.

14. *Богомазов Г.М.* Современный русский литературный язык. Фонетика/Г.М. Богомазов. — М.: Владос, 2001. — 352 с.

15. *Богородицкий В. А.* Фонетика русского языка в свете экспериментальных данных/В. А. Богородицкий. — Казань: Дом Татар. Культуры, 1930. — 355 с.

16. *Бодуэн де Куртенэ И. А.* Избранные труды по общему

языкознанию: в 2 т./И. А. Бодуэн де Куртенэ. — М.: Изд-во АН СССР, 1963. — Т. 1. — 383 с.; Т. 2. — 389 с.

17. *Бондарко Л. В.* Осциллографический анализ речи/Л. В. Бондарко. — Л.: Изд-во Ленингр. ун-та, 1965. — 47 с.

18. *Бондарко Л. В.* Модель восприятия речи человеком/Л. В. Бондарко. — Новосибирск: Наука. Сибир. отд-ние, 1968. — 57 с.

19. *Бондарко Л.В.* Звуковой строй современного русского языка/Л.В. Бондарко. — М.: Просвещение, 1977. — 175 с.

20. *Бондарко Л. В.* Фонетическое описание и фонологическое описание речи/Л.В. Бондарко. — Л.: Изд-во Ленингр. ун-та, 1981. — 197 с.

21. *Бондарко Л.В.* Лингвистика и модели речевого поведения/Л. В. Бондарко. — Л.: Изд-во Ленингр. ун-та, 1984. — 183 с.

22. *Бондарко Л. В.* Уровни языка в речевой деятельности: к проблеме лингвистического обеспечения автоматического распознавания речи/Л.В. Бондарко, Т.Н. Алексеева. — Л.: Изд-во Ленингр. ун-та, 1986. — 258 с.

23. *Бондарко Л.В.* Фонетика спонтанной речи/Л.В. Бондарко. — Л.: Изд-во Ленингр. ун-та, 1988. — 245 с.

24. *Бондарко Л. В.* Фонология речевой деятельности/Л. В. Бондарко. — СПб.: Изд-во С.-Петерб. ун-та, 2000. — 162 с.

25. *Борисова А. А.* Восприятие эмоционального состояния человека по интонационному рисунку речи/А.А. Борисова // Вопр. психологии. — 1989. — № 1. — С. 117–121.

26. *Брызгунова Е. А.* Практическая фонетика и интонация русского языка/Е. А. Брызгунова. — М.: Изд-во Моск. ун-та, 1963. — 308 с.

27. *Брызгунова Е. А.* Звуки интонации русской речи/Е. А. Брызгунова. — М.: Прогресс, 1969. — 251 с.

28. *Буланин Л. Л.* Фонетика современного русского языка/Л. Л. Буланин. — М.: Едиториал УРСС, 2011. — 208 с.

29. *Величкова Л. В.* Система силлабофонем русского и немецкого языков в речевом освещении/Л. В. Величкова, З. Д. Попова // Linguistische Beschreibung slawischer Sprachen als Fremdsprachen. — 2000. — С. 171 – 185.

30. *Венедиктова Е. В.* Идентификация диктора по фиксированному набору частот с помощью линейного классификатора/Е. В. Венедиктова, Д. Н. Лаврова // Математические структуры и моделирование. — 2008. — Вып. 18. — С. 108 – 115.

31. *Винцюк Т. К.* Анализ, распознавание и интерпретация речевых сигналов/Т. К. Винцюк. — Киев: Наукова думка, 1987. — 262 с.

32. *Высотский С. С.* Экспериментально-фонетические исследования в области русской диалектологии/С.С. Высотский // Экспериментально-фонетическое изучение русских говоров. — М.: Наука, 1969. — С. 3 – 34.

33. *Газин А. И.* Особенности голосовой аутентификации личности/А. И. Газин // Надёжность и качество: тр. Междунар. симпозиума. — М.: Б.и., 2010. — Т. 2. — С. 232 – 235.

34. *Гайдучик С. М.* Типология речевых высказываний/С. М. Гайдучик // Экспериментальная фонетика. — Минск: МГПИИЯ, 1972. — С. 46 – 67.

35. *Галяшина Е. И.* Лингвистическая экспертиза устной и письменной речи как источник судебных доказательств/Е. И. Галяшина // Право

и лингвистика: материалы междунар. науч.-практ. конф.: в 2 ч. — Симферополь: Доля, 2003. — Ч. 2. — С. 15 – 18.

36. *Гез Н. И.* К вопросу об обучении распознаванию речи при зрительном и слуховом восприятии/Н.И. Гез // Иностранные языки в школе. — 1962. — № 2. — С. 27 – 37.

37. *Гельфанд С.А.* Слух. Введение в психологическую и физиологическую акустику/С.А. Гельфанд. — М.: Медицина, 1984. — 314 с.

38. *Голощапова Т. И.* Акустическая природа звукового состава естественного языка в аспекте фоноскопической экспертизы/Т. И. Голощапова // Вопросы криминалистики и экспертно-криминалистические проблемы. — М.: ЭКЦ МВД России, 1997. — С. 58 – 65.

39. *Грановский Г. Л.* Некоторые положения методики экспертного исследования общих признаков разговорной речи/Г.Л. Грановский, Г.Н. Коблякова // Экспертная техника. — М.: ВНИИСЭ, 1985. — Вып. 84. — С. 26 – 44.

40. *Грачёв А. М.* Распознавание звучащей русской речи в теоретическом и экспериментальном освещении: семейные, возрастные и гендерные аспекты лингвистической идентификации личности: Дис. … канд. юрид. наук/А. М. Грачёв. — Нижний Новгород, 2013. — 222 с.

41. *Гусева С. И.* Вопросы общей фонетики/С. И. Гусева, С. В. Деркач, Е.В. Жаровская, О.Н. Морозова. — Благовещенск: Изд-во Амурского гос. ун-та, 2014. — 122 с.

42. *Дубовский Ю. А.* Анализ интонации устного текста и его составляющих/Ю.А. Дубовский. — М.: Высш. шк., 1978. — 137 с.

43. *Дубовский Ю. А.* Основы английской фонетики/Ю. А. Дубовский, Б.Б. Докуто, Л.Н. Переяшкина. — М.: Флинта: Наука,

2009. — 344 с.

44. *Ельмслев Л.* Язык и речь/Л. Ельмслев; Пер. с англ. // История языкознания XIX-XX веков в очерках и извлечениях/отв. ред. В. А. Звегинцев. — М.: Просвещение, 1965. — Ч. II. — С. 59 - 66.

45. *Женило В. Р.* Компьютерные технологии в криминалистических фоноскопических исследованиях и экспертизах/В. Р. Женило, В. А. Минаев. — М.: Академия МВД РФ, 1994. — 264 с.

46. *Жинкин Н. И.* Механизмы речи/Н. И. Жинкин. — М.: Изд-во Акад. пед. наук СССР, 1958. — 370 с.

47. *Журавлёв Ю. И.* Алгоритмы вычисления оценок и их применение/Ю. И. Журавлёв. — Ташкент: Фан, 1974. — 214 с.

48. *Занглигер В. Ф.* Формирование фонематического слуха на начальном этапе обучения иностранному языку/В. Ф. Занглигер // Иностранные языки в школе. — 1962. — № 2. — С. 44 - 57.

49. *Земская Е. А.* Особенности мужской и женской речи/Е. А. Земская, М. А. Китайгородская, Н. Н. Розанова // Русский язык в его функционировании. — М.: Наука, 1993. — С. 90 - 136.

50. *Зимняя И. А.* К методу исследования взаимосвязи языковых и индивидуальных характеристик в спектральном представлении гласного звука (Методы экспериментального анализа речи)/И. А. Зимняя. — Минск: Наука, 1968. — 70 с.

51. *Зиндер Л. Р.* Общая фонетика/Л. Р. Зиндер. — М.: Высш. шк., 1979. — 312 с.

52. *Зиндер Л.Р.* Проблемы и методы экспериментально-фонетического анализа речи/Л. Р. Зиндер, Л. В. Бондарко, Л. А. Вербицкая [и др.]. — Л.: Наука, 1980. — 564 с.

53. *Златоустова Л. В.* Фонетическая структура слова в потоке

речи/Л.В. Златоустова. — Казань: Изд-во Казан. ун-та, 1962. — 156 с.

54. *Златоустова Л. В.* Алгоритмы преобразования русских орфографических текстов в фонетическую запись/Л.В. Златоустова, С.В. Кодзасов, О.Ф. Кривнова, И.Г. Фролова. — М.: Изд-во Моск. ун-та, 1970. — 130 с.

55. *Златоустова Л.В.* Фонетические единицы русской речи/Л.В. Златоустова. — М.: Изд-во Моск. ун-та, 1981. — 105 с.

56. *Златоустова Л. В.* Общая и прикладная фонетика/Л. В. Златоустова, Р.К. Потапова, В.Н. Трунин-Донской. — М.: Изд-во Моск. ун-та, 1986. — 304 с.

57. *Златоустова Л. В.* Общая и прикладная фонетика/Л. В. Златоустова, Р. К. Потапова, В. В. Потапов, В. Н. Трунин-Донской. — М.: Изд-во Моск. ун-та, 1997. — 415 с.

58. *Зубкова Л. Г.* О некоторых закономерностях сегментной организации различных ритмических моделей слова (на материале русского языка)/Л. Г. Зубкова // Изучение сегментных и суперсегментных единиц речи. — М.: Ун-т Дружбы народов, 1977. — С. 3 – 12.

59. *Иванова-Лукьянова Г.Н.* Культура устной речи. Интонация, паузирование, логическое ударение, темп, ритм/Г. Н. Иванова-Лукьянова. — М.: Флинта: Наука, 2004. — 200 с.

60. *Каганов А.Ш.* Особенности записи образцов голоса и речи для проведения идентификационной фонографической экспертизы/А.Ш. Каганов, В. Г. Михайлов // Криминалистика XXI век: тр. Всерос. науч.-практ. конф. — Ростов: ЦСК ЛСЭ, 2001. — С. 23 – 28.

61. *Каганов А.Ш.* Криминалистическая экспертиза звукозаписей/А.Ш. Каганов. — М.: Юрлитинформ, 2005. — 267 с.

62. *Карпов Н. В.* Разработка алгоритма автоматического формирования фонетической базы данных на основе информационной теории восприятия речи: Автореф. дис. ... канд. техн. наук/Н. В. Карпов. — Нижний Новгород, 2009. — 18 с.

63. *Князев С. В.* Современный русский литературный язык: фонетика, графика, орфография, орфоэпия/С. В. Князев, С. К. Пожарицкая. — М.: Акад. Проект, 2005. — 320 с.

64. *Кодзасов С. В.* Общая фонетика/С. В. Кодзасов, О. Ф. Кривнова. — М.: РГГУ, 2001. — 591 с.

65. *Кодзасов С. В.* Исследование в области русской просодии/С. В. Кодзасов. — М.: Языки славянской культуры, 2009. — 488 с.

66. *Крушевский Н. В.* Избранные статьи и работы по языкознанию/Н.В. Крушевский. — М.: Наследие, 1998. — 296 с.

67. *Крылов Ю. Д.* Устранение шумов в системах речевого общения/Ю.Д. Крылов // Гибкие автоматизированные производственные системы: тр. совещания-семинара. — Л.: Наука, 1984. — Ч. 3. — С. 37 – 42.

68. *Кулагина О. С.* Об автоматическом синтаксическом анализе русских текстов/О.С. Кулагина. — М.: ИПМ АН СССР, 1987. — 60 с.

69. *Кульшарипова Р. Э.* Семантика акцентного выделения в русской речи нерусских/Р. Э. Кульшарипова // Сопоставительная филология и полилингвизм: материалы II Всерос. науч.-практ. конф. — Казань: Школа, 2005. — С. 145 – 146.

70. *Кульшарипова Р.Э.* Кабинет экспериментальной фонетики/Р. Э. Кульшарипова // Татарская энциклопедия: в 6 т. — Т. 3. — Казань: Ин-т Татар. энцикл., 2006. — С. 7 – 8.

71. *Кульшарипова Р. Э.* Прикладная фонетика и дискурс/Р. Э.

Кульшарипова // Русская и сопоставительная филология 2006. — Казань : Казан. гос. ун-т, 2006. — С. 136 – 141.

72. *Кульшарипова Р. Э.* В. А. Богородицкий и современная прикладная фонетика/Р. Э. Кульшарипова // В. А. Богородицкий : Научное наследие и современное языкознание : тр. и материалы Междунар. науч. конф. (Казань, 4 – 7 мая 2007 г.). — Т. 2. — Казань : Изд-во Казан. ун-та, 2007. — С. 154 – 156.

73. *Кульшарипова Р. Э.* Прикладные идеи в современной теоретической фонетике/Р. Э. Кульшарипова // Русская и сопоставительная фонология 2007. — Казань : Изд-во Казан. ун-та, 2007. — С. 98 – 103.

74. *Кульшарипова Р. Э.* Проблемы русской фонетики в условиях межнационального общения : традиции Казанской лингвистической школы/Р.Э. Кульшарипова // Фонетика сегодня : материалы докл. и сообщений VI Междунар. науч. конф. — М. : ИРЯ РАН, 2010. — С. 87 – 88.

75. *Лаптева О. А.* Современная устная научная речь : в 4 т./О. А. Лаптева. — Т. 4. — М. : Эдиториал УРСС, 1999. — 376 с.

76. *Леонтьев А. А.* Язык, речь, речевая деятельность/А. А. Леонтьев. — М. : Просвещение, 1969. — 214 с.

77. *Макаров М. Л.* Основы теории дискурса/М. Л. Макаров. — М. : Гнозис, 2003. — 280 с.

78. *Матвеева Т. В.* Непринуждённый диалог как текст/Т. В. Матвеева // Человек — Текст — Культура. — Екатеринбург : Ин-т развития регионального образования, 1994. — С. 125 – 140.

79. *Матусевич М. И.* Современный русский язык. Фонетика/М. И. Матусевич. — М. : Просвещение, 1976. — 288 с.

80. *Михайлов В. Г.* Изменение параметров речи/В. Г. Михайлов, Л. В. Златоустова. — М.: Радио и связь, 1987. — 168 с.

81. *Моисеев А. И.* Русский язык: Фонетика. Морфология. Орфография/А. И. Моисеев. — М.: Просвещение, 1980. — 255 с.

82. *Морозов В. П.* Тайны вокальной речи/В. П. Морозов. — Л.: Наука, 1967. – 204 с.

83. *Николаева Т. М.* Фразовая интонация в славянских языках/Т. М. Николаева. — М.: Наука, 1977. — 277 с.

84. *Николаева Т. М.* Лингвистика текста. Современное состояние и перспективы/Т. М. Николаева // Новое в зарубежной лингвистике. — М., 1978. — С. 5 – 39.

85. *Николаева Т. М.* Просодия Балкан. Слово — высказывание — текст/Т. М. Николаева. — М: Индрик., 1996. — 353 с.

86. *Николаева Т. М.* От звука к тексту/Т. М. Николаева. — М.: Яз. рус. культуры, 2000. — 680 с.

87. *Нушикян Э. А.* Типология интонации эмоциональной речи/Э. А. Нушикян. — Киев; Одесса: Вища шк, 1986. — 157 с.

88. *Обжелян Н. К.* Речевое общение в системах «Человек — ЭВМ»/Н. К. Обжелян, В. Н. Трунин-Донской. — Кишинёв: Штииница, 1985. — 176 с.

89. Общее языкознание (внутренняя структура языка)/Отв. ред. Б. А. Серебренников. — М.: Наука, 1972. — 564 с.

90. *Одинцова И. В.* Звуки. Ритмика. Интонация/И. В. Одинцова. — М.: Флинта, 2006. — 186 с.

91. *Панков Ф. И.* Русская фонетика и интонация/Ф. И. Панков, Е. Л. Бархударова. — М.: Изд-во Моск. ун-та, 2004. — 149 с.

92. *Панов М. В.* Русская фонетика/М. В. Панов. — М.:

Просвещение, 1967. — 438 с.

93. *Панова Р. С.* Фонетическая интерференция в русской речи китайцев/Р. С. Панова // Вестн. Челябин. гос. ун-та. Филология. Искусствоведение. — 2009. — Вып. 33, № 22(160). — С. 83 – 86.

94. *Пауфошима Р. Ф.* Применение комплексного метода осциллографии и сегментации при анализе речи/Р.Ф. Пауфошима // Экспериментально-фонетические исследования в области русской диалектологии. — М.: Наука, 1977. — С. 284 – 287.

95. *Пешковский А.М.* Русский синтаксис в научном освещении/А. М. Пешковский. — М.: Языки славянской культуры, 2001. — 544 с.

96. *Потапова Р. К.* Искусственный интеллект и автоматическое распознавание звучащей речи: Лингвистические проблемы «искусственного интеллекта»/Р.К. Потапова. — М.: ИНИОН РАН, 1980. — 45 с.

97. *Потапова Р. К.* Параметрическая сегментация звучащего текста/Р.К. Потапова, Н.Г. Камышная // Исследование речи: тез. докл. и сообщений Всесоюзной школы-семинара. — Л., 1981. — С. 80 – 82.

98. *Потапова Р. К.* Сегментно-структурная организация речи (Экспериментально-фонетическое исследование): Автореф. дис. ⋯ д-ра филол. наук/Р.К. Потапова. — Л., 1981. — 47 с.

99. *Потапова Р. К.* Сегментация звучащего текста с опорой на просодию/Р. К. Потапова, Н. Г. Камышная // Автоматическое распознавание слуховых образов: тез. докл. и сообщений 12 Всесоюзного семинара. — Киев: Ин-т кибернетики им. В. М. Глушкова; Одесский гос. ун-т им. И.И. Мечникова, 1982. — С. 265 – 268.

100. *Потапова Р.К.* Система делимитативных средств звучащего текста/Р.К. Потапова. — М.: ИНИОН РАН, 1983. — 421 с.

101. *Потапова Р.К.* Слоговая фонетика германских языков/Р.К. Потапова. — М.: Высш. шк., 1986. — 144 с.

102. *Потапова Р.К.* О способах извлечения языковой информации из акустического сигнала/Р.К. Потапова // Лингвистические аспекты проблемы различительных признаков в системах автоматического распознавания и синтеза речи: сб. науч. тр. — М.: Наука, 1989. — С. 143 - 156.

103. *Потапова Р.К.* Просодические характеристики макросегментации слитной речи/Р.К. Потапова // Речевая информатика. — М.: Наука, 1989. — С. 18 - 30.

104. *Потапова Р.К.* Речевое управление роботом/Р.К. Потапова. — М.: Радио и связь, 1989. — 248 с.

105. *Потапова Р.К.* Особенности немецкого произношения/Р.К. Потапова, Г. Линднер. — М.: Высш. шк., 1991. — 319 с.

106. *Потапова Р.К.* Технологии обработки естественного языка в науке и промышленности: обзор/Р.К. Потапова. — М.: ИНИОН РАН, 1992. — 63 с.

107. *Потапова Р. К.* Теоретические и прикладные аспекты речевой сегментологии/Р.К. Потапова // Проблема фонетики II. — М., 1995. — С. 7 - 20.

108. *Потапова Р. К.* Речь: коммуникация, информация, кибернетика/Р.К. Потапова. — М.: Радио и связь, 1997. — 528 с.

109. *Потапова Р. К.* Сексолект как составляющая экспертной фоноскопии в криминалистике/Р.К. Потапова // Гендер как интрига познания. — М.: Рудомино, 2000. — С. 137 - 150.

110. *Потапова Р. К.* Новые информационные технологии и лингвистика/Р.К. Потапова. — М.: КомКнига, 2005. — 368 с.

111. *Потапова Р.К.* Язык, речь, личность/Р.К. Потапова, В.В. Потапов. — М.: Яз. славян. культуры, 2006. — 496 с.

112. *Потапова Р.К.* Основные тенденции многоязычной корпусной лингвистики/Р.К. Потапова // Речевые технологии. — 2009. — № 2. — С. 92 – 114.

113. *Потапова Р. К.* Речевая коммуникация: от звука к высказыванию/Р. К. Потапова, В. В. Потапов. — М.: Яз. славян. культур, 2012. — 461 с.

114. *Рабинер Л.* Теория и применение цифровой обработки сигналов/Л. Рабинер, Б. Гоулд. — М.: Мир, 1978. — 848 с.

115. *Рабинер Л.* Цифровая обработка речевых сигналов/Л. Рабинер, Р. Шафер. — М.: Радио и связь, 1981. — 632 с.

116. *Рамишвили Г.С.* Автоматическое опознание говорящего по голосу/Г.С. Рамишвили. — М.: Радио и связь, 1981. — 224 с.

117. *Румянцев М. К.* Фонетика и фонология китайского языка/М.К. Румянцев. — М.: Восток-Запад, 2007. — 201 с.

118. *Савченко В.В.* Формирование фонетической базы данных из речевого сигнала на основе информационной теории восприятия речи/В. В. Савченко Д. Ю. Акатьев, И. В. Губочкин // Система управления и информационные технологии. — 2008. — № 4(34). — С. 192 – 198.

119. *Савченко В.В.* Исследование звукового строя национального языка на основе информационной теории восприятия речи/В. В. Савченко, Д.Ю. Акатьев, И.В. Губочкин // Вестн. Нижегород. гос. ун-та им. Н.И. Лобачевского. — 2010. — № 7. — С. 64 – 72.

120. *Сайдалиев С. О.* О взаимосвязи фонематического и интонационного слуха при обучении восприятию русской речи на начальном этапе языкового вуза/С.О. Сайдалиев // Теоретические и экспериментальные исследования в области обучения иноязычной речевой деятельности. — М.: Моск. гос. ин-т иностр. яз. им. М. Тореза, 1981. — Вып. 180. — С. 172 – 187.

121. *Самуйлова Н. И.* Вопросы обучения русскому произношению/ Н. И. Самуйлова. — М.: Изд-во Моск. ун-та, 1978. — 125 с.

122. *Сапожков М. А.* Речевой сигнал в кибернетике и связи/М. А. Сапожков. — М.: Связь, 1963. — 452 с.

123. *Светозарова Н. Д.* Интонационная система русского языка/ Н. Д. Светозарова. — Л.: Изд-во Ленинградского ун-та, 1982. — 175 с.

124. *Слесарева Г. П.* Сравнительная характеристика ритмо-динамических структур в русских говорах: экспериментально-фонетическое исследование: Автореф. дис. ⋯ канд. филол. наук/Г. П. Слесарева. — Саратов, 1982. — 16 с.

125. Современный русский язык/Под ред. В. А. Белошапковой. — М.: Высш. шк., 1981. — 560 с.

126. *Стёпкина И. Ю.* Гендерные особенности просодического оформления спонтанной монологической речи молодёжи Великобритании/ И. Ю. Стёпкина // Вестн. Моск. гос. лингв. ун-та. Языкознание. Социофонетика звучащей речи. — 2011. — Вып. 1 (607). — С. 187 – 190.

127. *Торсуева И. Г.* Интонация и смысл высказывания/И. Г. Торсуева. — М.: Либроком, 2009. — 112 с.

128. *Трубецкой Н. С.* Основы фонологии/Н.С. Трубецкой. — М.:

Аспект Пресс, 2000. — 352 с.

129. *Фант Г.* Акустическая теория речеобразования/Г. Фант. — М.: Наука, 1964. — 304 с.

130. *Фланаган Дж.* Анализ, синтез и восприятие речи/Дж. Фланаган; Пер. с англ. — М.: Связь, 1968. — 396 с.

131. *Фомина Т. Г.* Русское ударение/Т. Г. Фомина. — Казань: ДАС, 2001. — 86 с.

132. *Фомина Т. Г.* Русский язык: Фонетика/Т. Г. Фомина. — Казань: Изд-во Казан. ун-та, 2007. — 110 с.

133. *Фомина Т. Г.* Русское словесное ударение/Т.Г. Фомина. — М.: ФЛИНТА: Наука, 2016. — 384 с.

134. *Фролова И. А.* Речевой слух — основа правильного произношения/И. А. Фролова // Актуальные проблемы обучения русскому языку как иностранному и дисциплинам специализации. — Нижний Новгород: Изд-во НГПУ, 1999. — С. 54 – 57.

135. *Хитина М. В.* Делимитативные признаки устно-речевого дискурса/М.В. Хитина. — М.: Изд-во Моск. ун-та, 2004. — 25 с.

136. *Чеванина Т. Н.* Просодические особенности чтения и говорения в многоязычном пространстве: русско-франко-английский трилингвизм: Дис. ... канд. филол. наук/Т. Н. Чеванина. — Волгоград, 2008. — 206 с.

137. *Шарловский И. Ф.* Русская просодия/И. Ф. Шарловский. — Одесса: Типография Л. Нитче, 1890. — 287 с.

138. *Шевченко Т. И.* Фонетика и фонология просодии делового дискурса/Т. И. Шевченко, Л. Н. Сибилева // Вестн. Моск. гос. лингв. ун-та. — 2010. — № 1. — С. 186 – 205.

139. *Щерба Л. В.* Русские гласные в качественном и

количественном отношении/Л. В. Щерба. — СПб.: Наука, 1912. — 155 с.

140. *Щерба Л. В.* Фонетика француского языка/Л. В. Щерба. — СПб.: Высшая школа, 1964. — 149 с.

141. *Щерба Л. В.* Теория русского письма/Л. В. Щерба. — Л.: Наука. Ленигр. отд-ние, 1983. — 133 с.

142. *Якобсон Р.* Введение в анализ речи/Р. Якобсон, Г. Фант, М. Халле; Пер. с англ. А.А. Зализняка и Е.В. Падучевой // Новое в лингвистике. — М.: Прогресс, 1962. — Вып. 2. — С. 173‒231.

143. *Яковлева Э. Б.* Просодические средства сегментации немецкого спонтанного диалогического текста: Автореф. дис. ⋯ канд. филол. наук/Э.Б. Яковлева. — М., 1996. — 22 с.

144. *Янко Т. Е.* Интонационные стратегии русской речи в сопоставительном аспекте/Т. Е. Янко. — М.: Языки славяских культур, 2008. — 312 с.

145. *Brown G.* Questions of information/G. Brown, K.L. Currie, J. Kenworthy. — L.: Croom Helm ling. ser., 1980. — 206 p.

146. *Hallyday M. A. K.* Noteson transitivity and theme in English/M. A.K. Hallyday // J. of Linguistics. — L.; N.Y., 1967. — Vol. 3, 1/2. — P. 37‒81, 199‒244.

147. *Rubin H.* The neurochronacsis theory of voice production. A refutation/H. Rubin // Archives of Otolaryngology. — 1960. — No 6. — 71 p.

148. 王超尘,黄树南,信德麟,等.现代俄语通论[M].北京商务印书馆,1963.

Ван Чаочэнь, Хуан Шунань, Синь Дэлинь. Современный русский язык. — Пекин: Коммерция, 1963. — 31 с.

149. 叶蜚声,徐通锵.语言学纲要(修订版)[M].北京:北京大学出版社,2010.

Е Фэйшэн, Сюй Тунцян. Общая фонетика. — Пекин: Изд-во Пекин. ун-та, 2010. — 275 с.

150. 林焘,王理嘉.语言学教程[M].北京:北京大学出版社,1992.

Линь Тао, Ван Лицзя. Фонетика. — Пекин: Изд-во Пекин. ун-та, 1992. — 80 с.

151. 罗常培,王均.普通语音学纲要[M].北京:商务印书馆,2002.

Ло Чанпэй, Ван Цзюнь. Общая фонетика. — Шанхай: Коммерция, 2002. — 270 с.

152. 张学增.俄语应用语音学纲要[M].北京:北京师范大学出版社,1990.

Чжан Сюецзэн. Русская практическая фонетика. — Пекин: Изд-во Пекин. пед. ун-та, 1990. — 120 с.

Лексикографические источники

1. Акустика: справочник/А. П. Ефимов, А. В. Никонов, М. А. Сапожков [и др.]. — М.: Радио и связь, 1989. — 336 с.

2. *Ахманова О. С.* Словарь лингвистических терминов/О. С. Ахманова. — М.: Либроком, 2014. — 576 с.

3. *Бернштейн С. И.* Словарь фонетических терминов/С. И. Бернштейн. — М.: Вост. лит. РАН, 1996. — 175 с.

4. Лингвистическая энциклопедия/гл. ред. В. Н. Ярцева. — М.: Сов. энцикл., 1999. — 685 с.

5. *Марузо Ж.* Словарь лингвистических терминов/Ж. Марузо. — М.: Едиториал УРСС, 2004. — 442 с.

6. Орфоэпический словарь русского языка: произношение, ударение, грамматические формы/С. Н. Борунова, В. Л. Воронцова, Н. А. Еськова; под ред. Р. И. Аванесова. — М.: Русский язык,

1988. — 702 с.

7. Русский язык: энциклопедический словарь-справочник лингвистических терминов и понятий: в 2 т. — Т. 1/А.Н. Тихонов, Р.И. Хашимов, Г.С. Журавлёва [и др.]. — М.: Флинта: Наука, 2008. — 840 с.

8. Русский язык: энциклопедия/Гл. ред. Ю.Н. Караулов. — М.: Дрофа, 1997. — 721 с.

9. Татарская энциклопедия: в 6 т. — Т. 3. — Казань: Ин-т Татар. энцикл., 2006. — 664 с.

Приложение

Приложение 1

Текст для речи-чтения (1)

Гимнастика нервов

(Г.Я. Долгопятова)

В жизни мы встречаемся с разными людьми // Одни отличаются необыкновенной усидчивостью и работоспособностью могут по многу часов сидеть за книгой или чертёжной доской независимо от обстановки в которой они находится // Другие после 30 – 40-минутных занятий вынуждены устраивать перерыв чтобы отдохнуть //

Встречаются люди целеустремленные которые всё умеют и за всё берутся и как правило любое дело успешно доводят до конца // А бывают и такие у которых всё из рук валится за что бы они не взялись // Им скоро надоедает начатая работа они теряют к ней интерес выполняют её медленно/ и как говориться без души а вскоре и во все бросают не закончив //

Особенности характера человека его темперамент его способности ориентироваться в окружающей обстановке и реагировать на меняющиеся жизненные условия зависит от силы и подвижности нервных процессов возбуждения и торможения в коре головного мозга // Сила и подвижность этих процессов вырабатываются в течение жизни человека и во многом зависят от методов воспитания и условий в которых он растёт и развивается //

Акустическая формализация текста (программа Speech Analyzer)

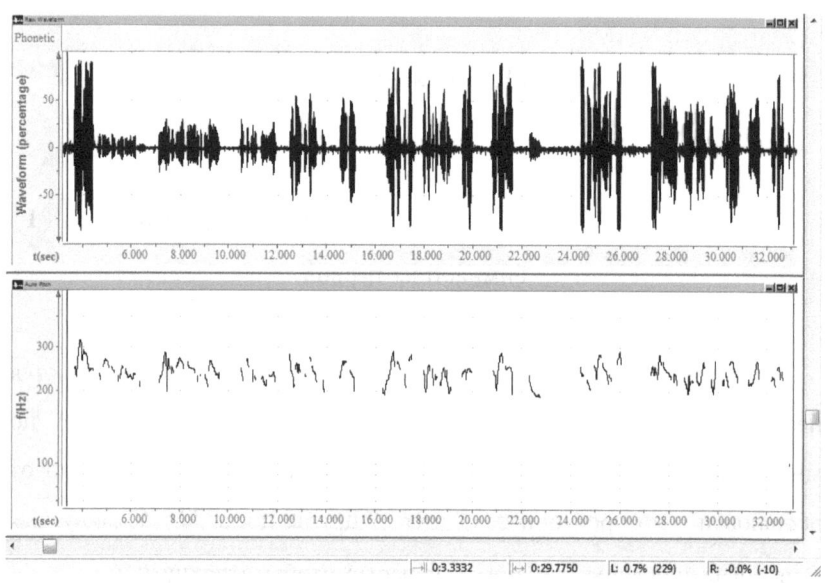

В жизни мы встречаемся с разными людьми О Одни отличаются необыкновенной усидчивость и/ работоспособностью/ могут по многу часов/ сидеть за книгой/ или чертёжной доской/ независимо от обстановки в которой они находится/

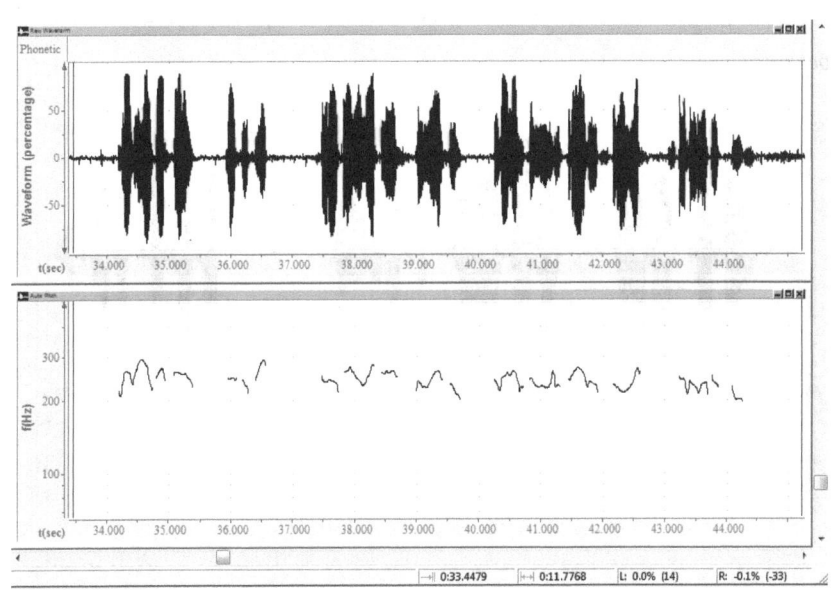

Другие после 30 – 40-минутных занятий/ вынуждены устраивать перерыв / чтобы отдохнуть /

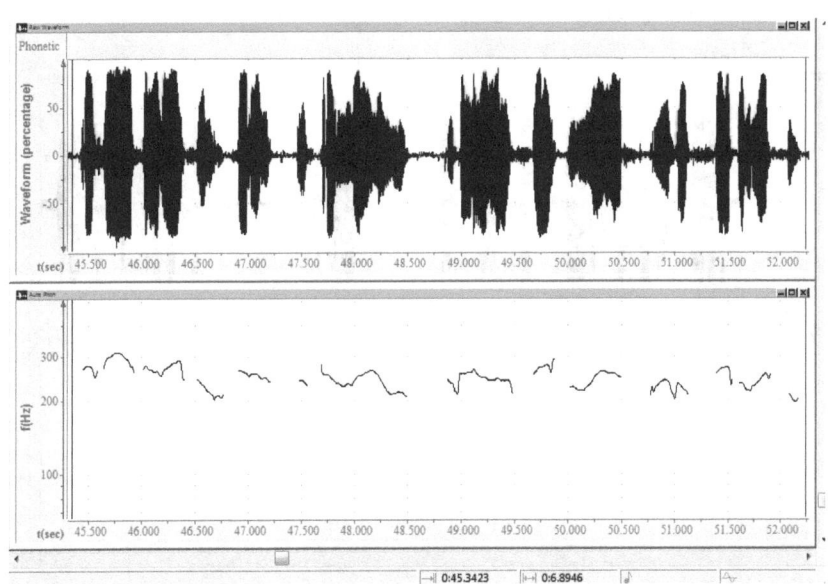

Встречаются люди целеустремленные/ которые всё умеют и за всё берутся

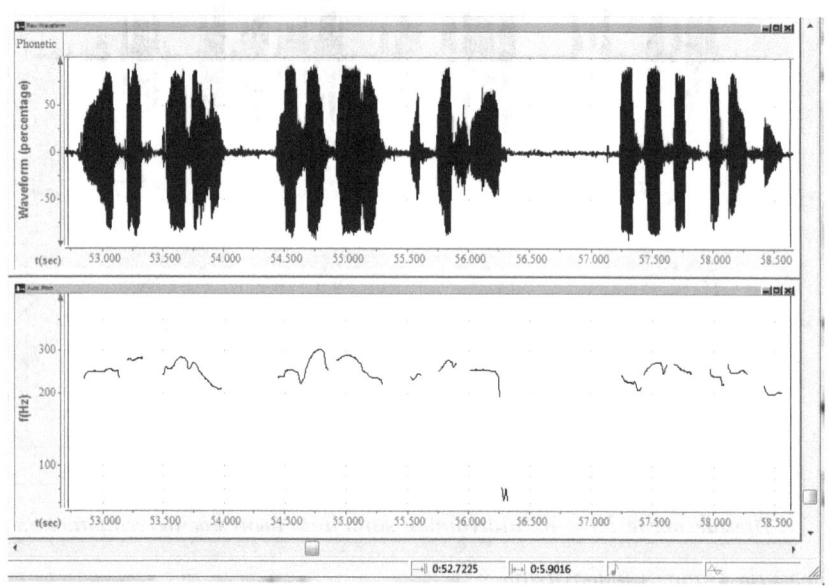

и как правило/ любое дело успешно доводят до конца /

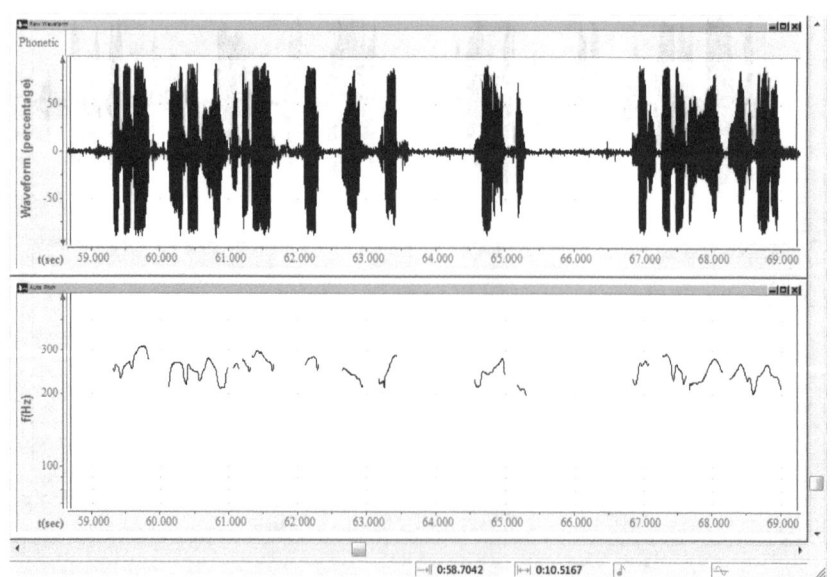

А бывают и такие у которых всё из рук валится/ за что бы они не взялись /

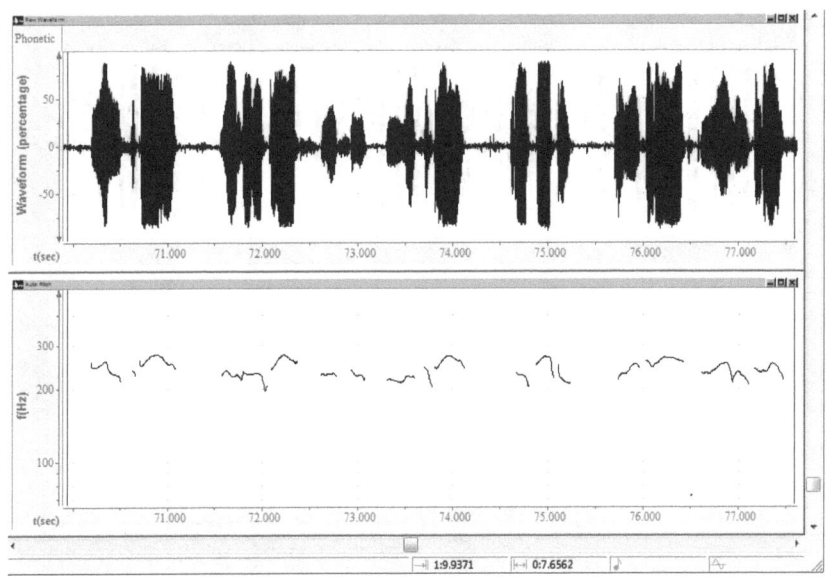

Им скоро надоедает начатая работа/ они теряют к ней интерес /

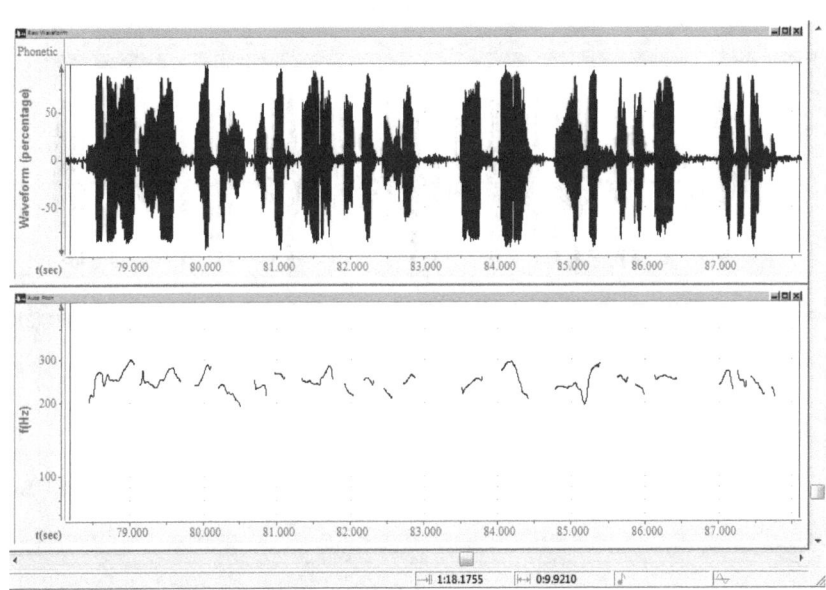

выполняют её медленно, и как говориться без души/а вскоре и во все бросают/не закончив /

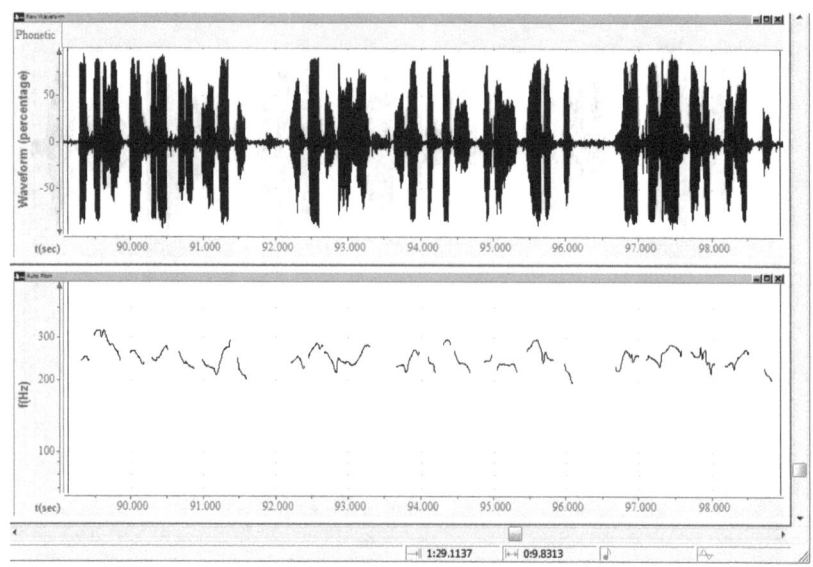

Особенности характера человека/его темперамент/его способности ориентироваться/в окружающей обстановке /

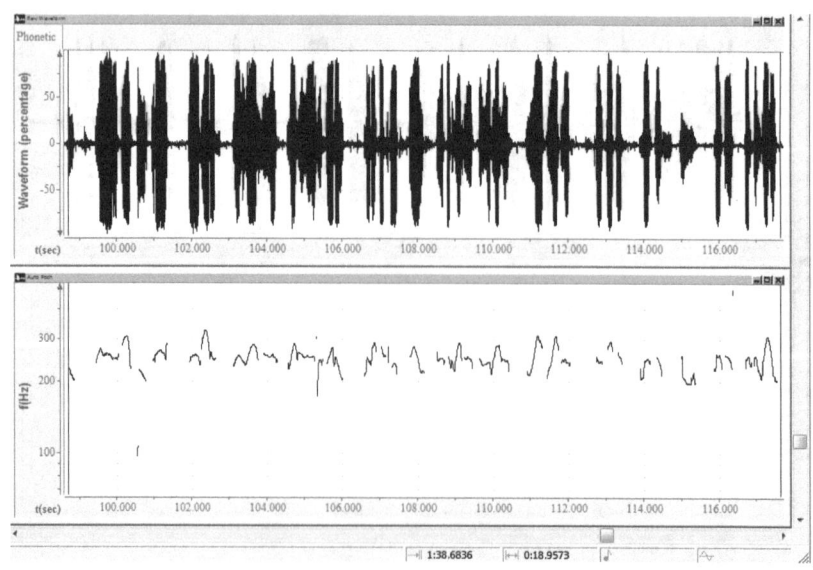

и реагировать на меняющиеся жизненные условия/зависит от силы/и подвижности нервных процессов возбуждения /

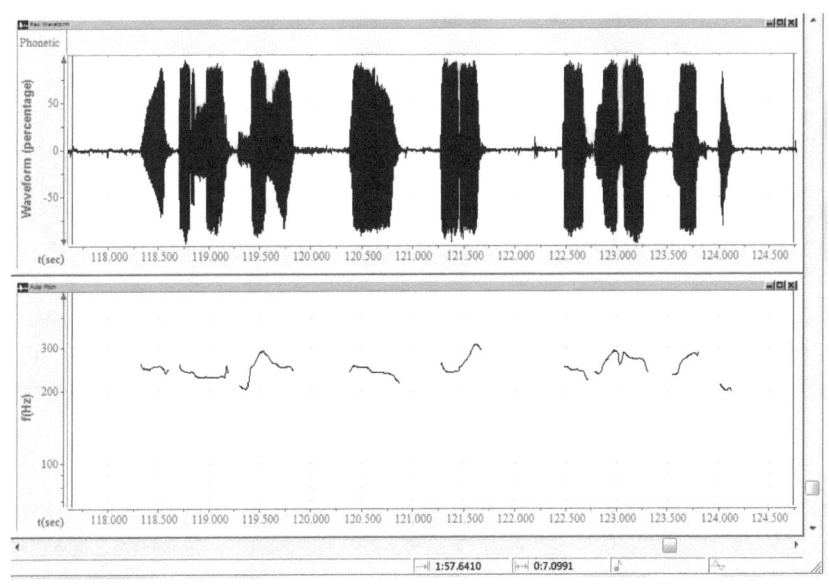

и торможения в коре /головного мозга /

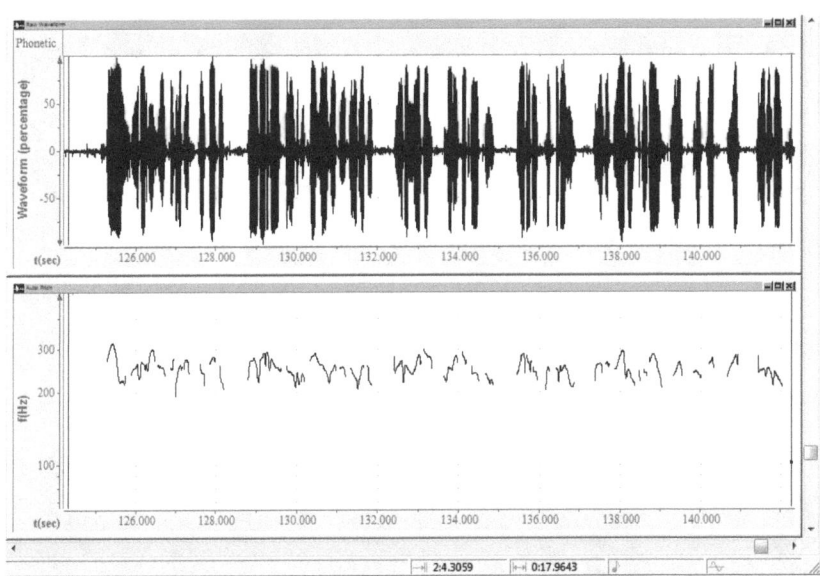

Сила и подвижность этих процессов/вырабатываются в течение жизни человека/и во многом зависят от/методов воспитания/и условий в которых он растёт/и развивается /

Текст для речи-чтения (2)

Белка и волк

Белка прыгала с ветки на ветку и упала на сонного волка. Волк вскочил и хотел ее съесть. Белка стала просить:

— Пусти меня.

Волк сказал:

— Я отпущу тебя, только ты скажи мне, отчего вы, белки, так веселы. Мне всегда скучно, а на вас смотришь, вы на ветках все прыгаете.

Белка сказала:

— Пусти меня на елку, я оттуда тебе скажу, а то я боюсь тебя.

Белка с елки волку ответила:

— Тебе оттого скучно, что ты зол. А мы все веселы оттого, что мы добры и никому зла не делаем.

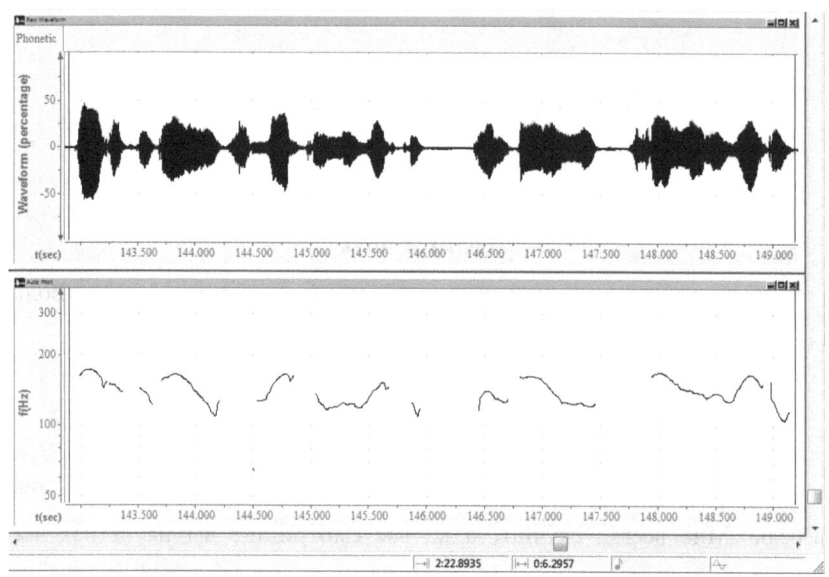

Белка прыгала с ветки на ветку и упала на сонного волка.

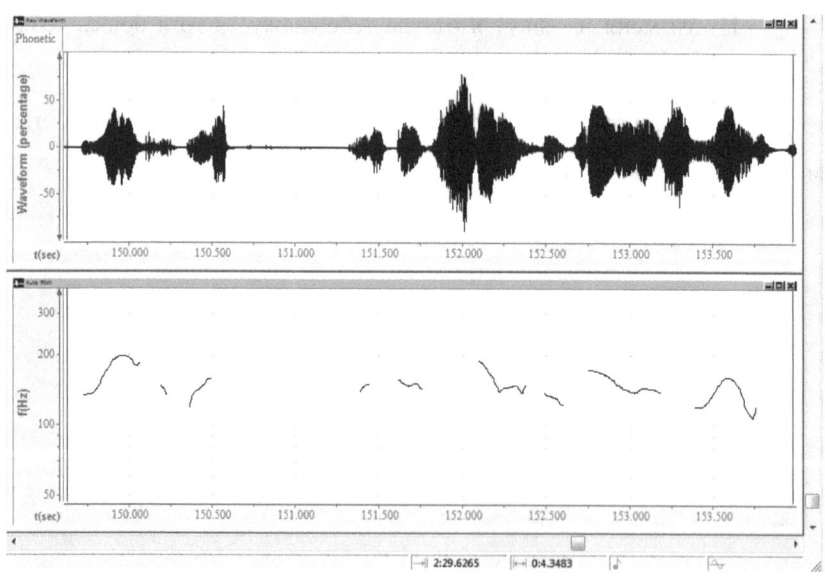

Волк вскочил и хотел ее съесть.

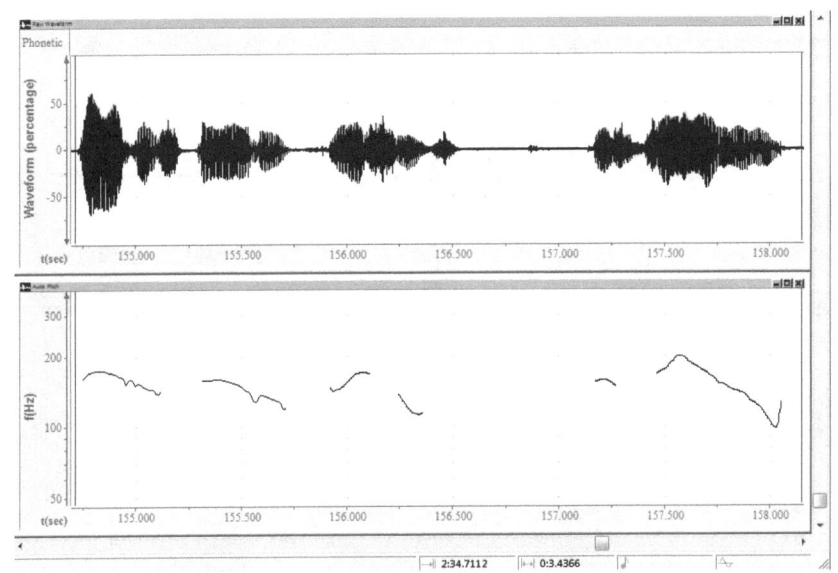

Белка стала просить: -Пусти меня.

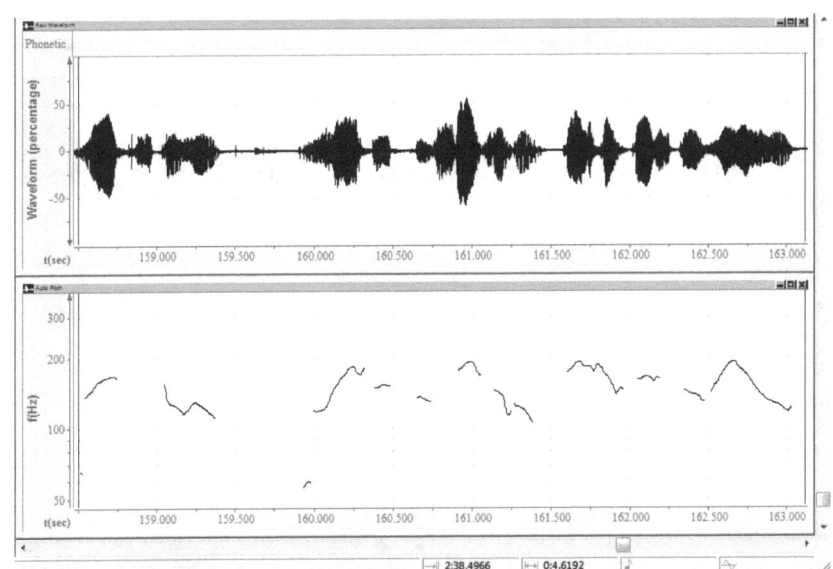

Волк сказал:

-Я отпущу тебя, только ты скажи мне,

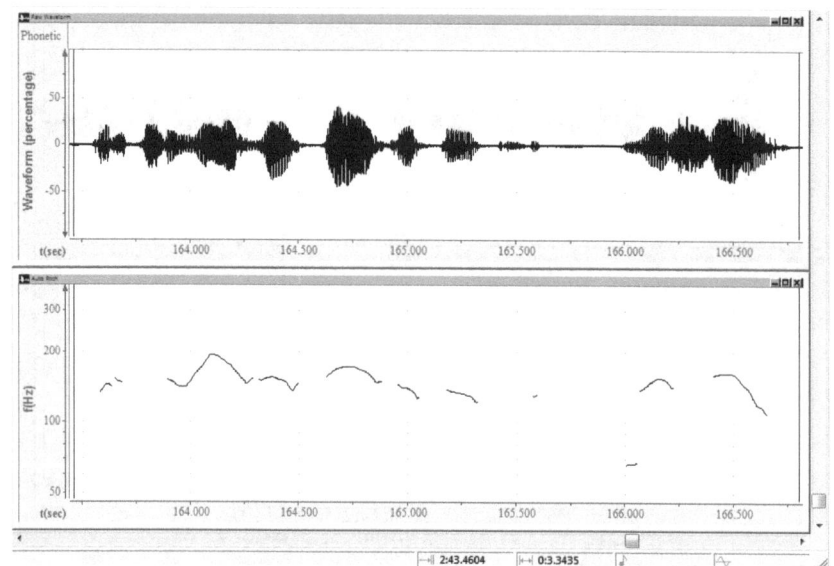

отчего вы, белки, так веселы.

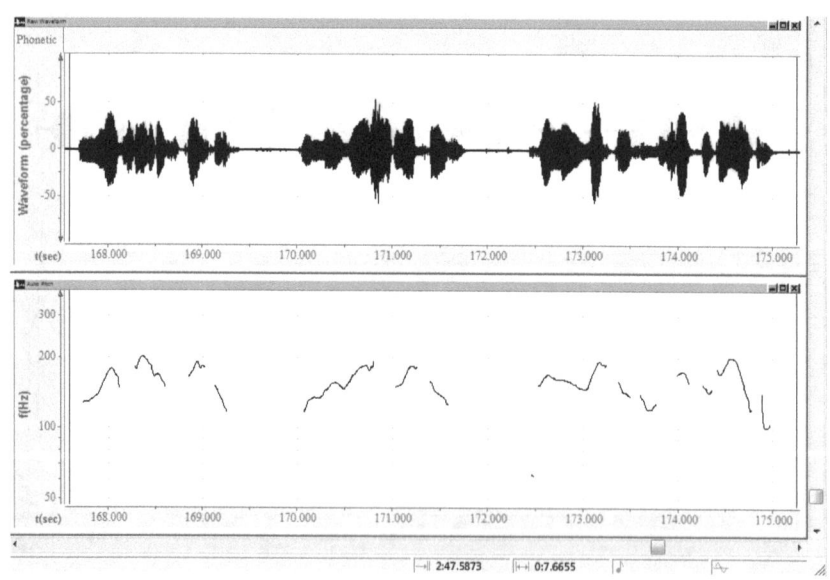

Мне всегда скучно, а на вас смотришь, вы на ветках все прыгаете.

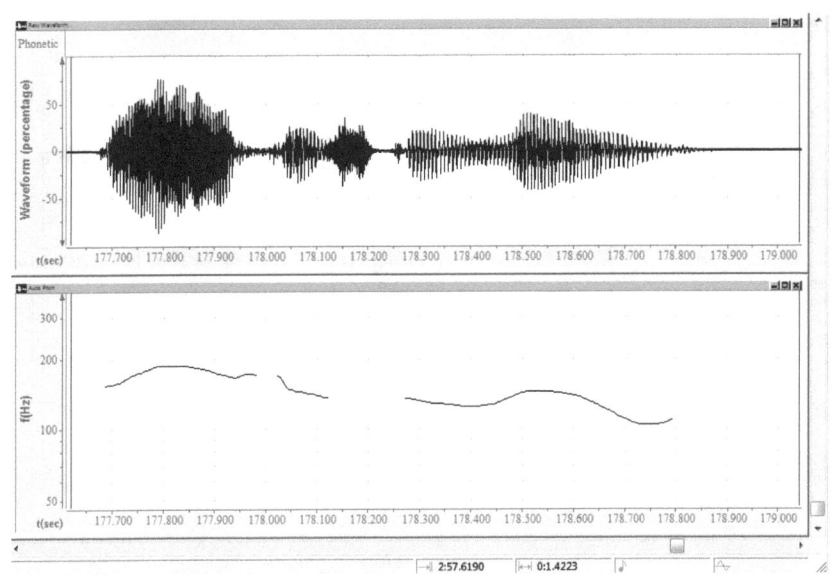

Белка сказала:

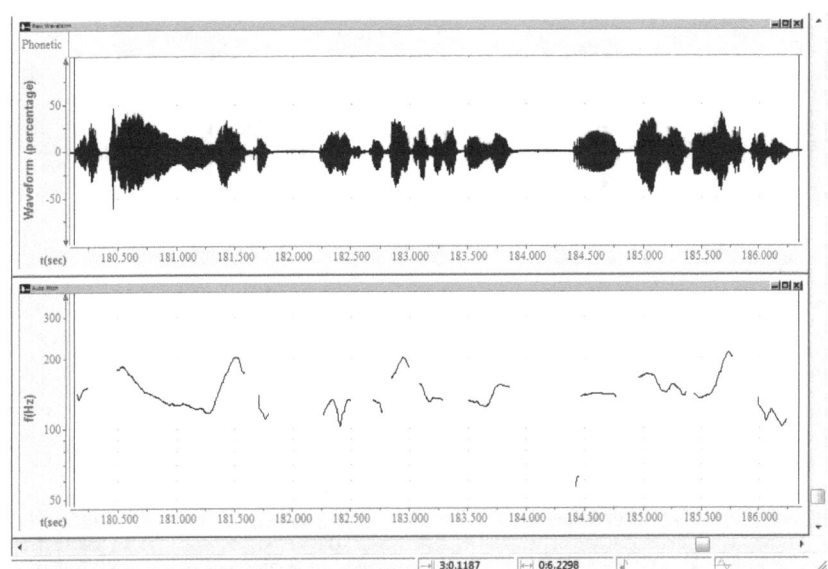

-Пусти меня на елку, я оттуда тебе скажу, а то я боюсь тебя.

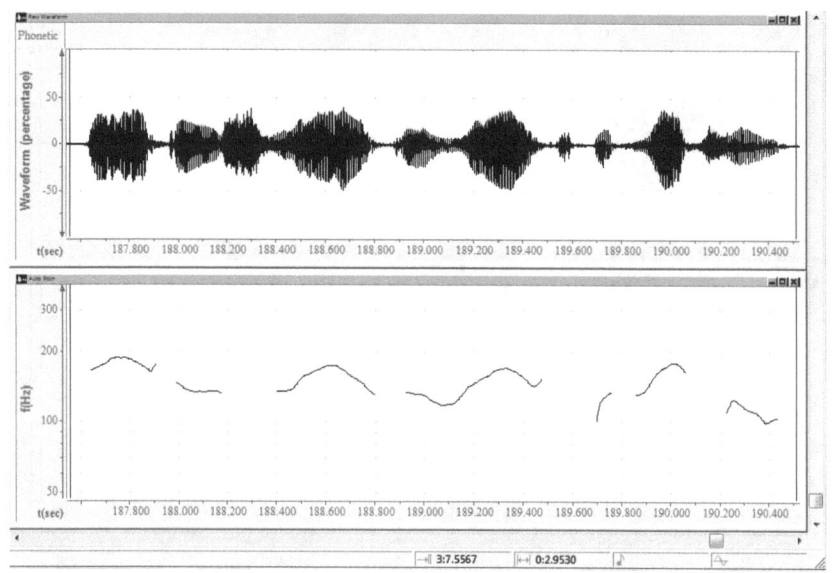

Белка с елки волку ответила:

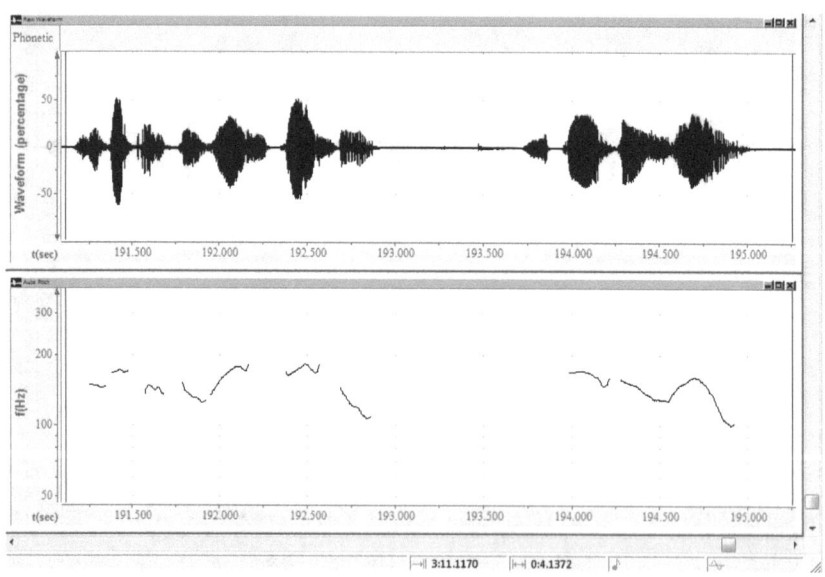

-Тебе оттого скучно, что ты зло.

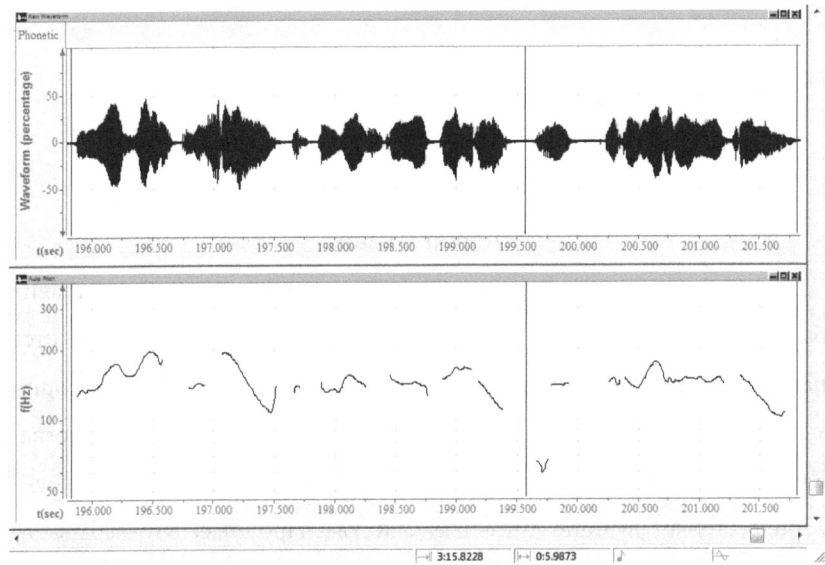

А мы все веселы оттого, что мы добры и никому зла не делаем.

Текст для речи-чтения (3)

Корни жизни

Сотни тысяч слов в нашем языке, но на первое место я поставил бы три слова: хлеб, труд, народ. Это три корня, на которых держится наше государство. Это самая сущность нашего строя. И эти корни так прочно переплелись, что не разорвать их, не разделить никогда. Кто не знает, что такое хлеб и труд, перестает быть сыном своего народа, теряет лучшие духовные качества народные. Кто забывает, что такое труд, пот и усталость, тот перестает дорожить хлебом. Какой бы из этих трёх могучих корней ни был повреждён у человека, он перестает быть настоящим человеком.

Слова в изолированном произнесении

место, сотни, хлеб, народ, сущность, государство, разорвать, разделить, качества, забывает, дорожить, духовные, усталость, лучшие, корни, человек, настоящий, перестает, повреждён, сын

Акустическая формализация слов (программа Speech Analyzer)

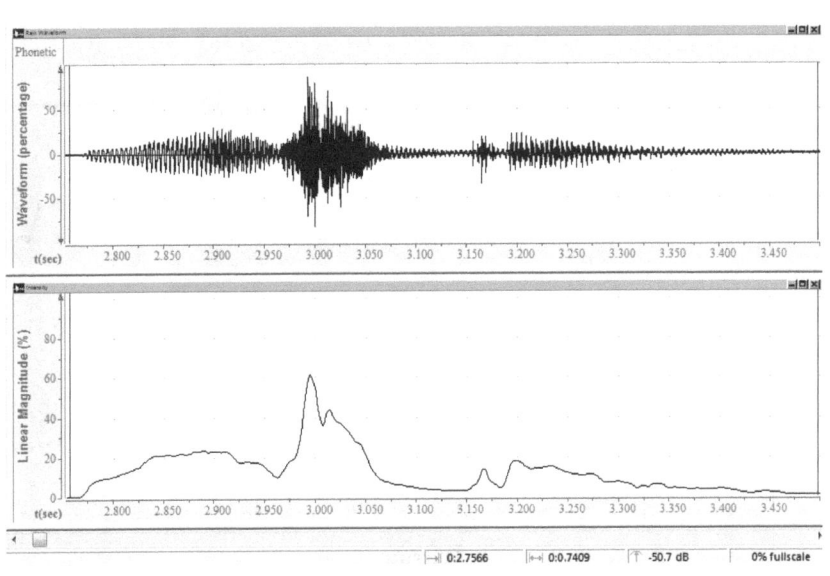

Место

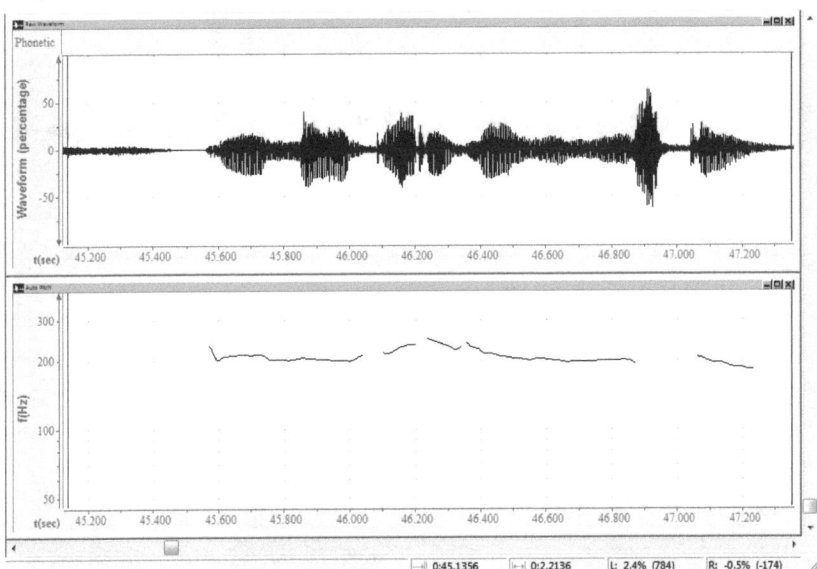

Но на первое *место*

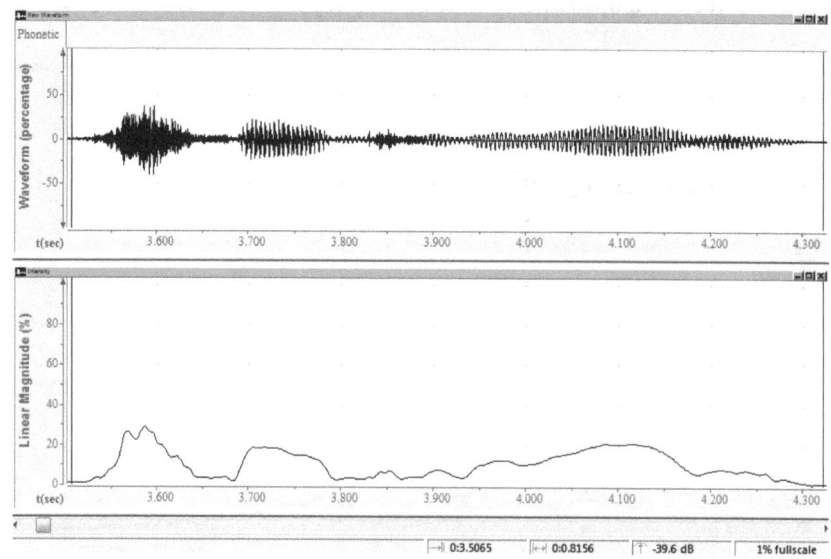

сотни

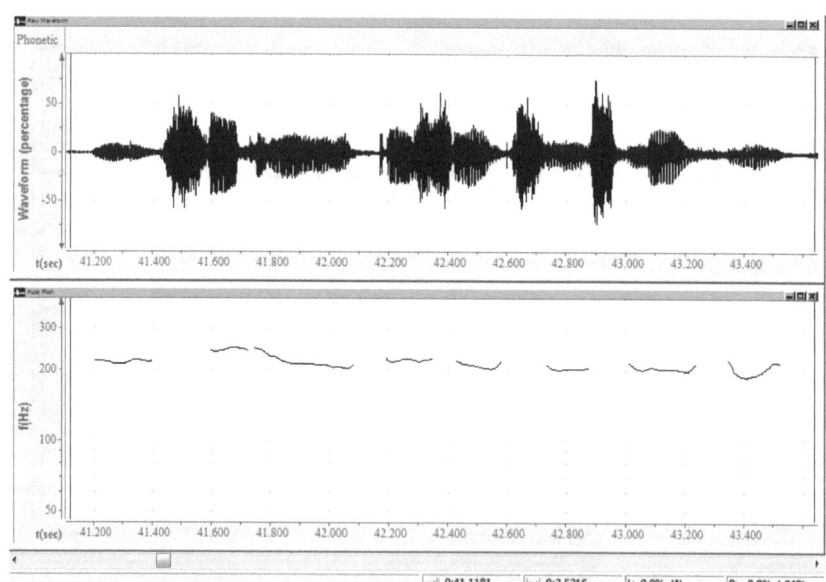

Сотни тысяч слов

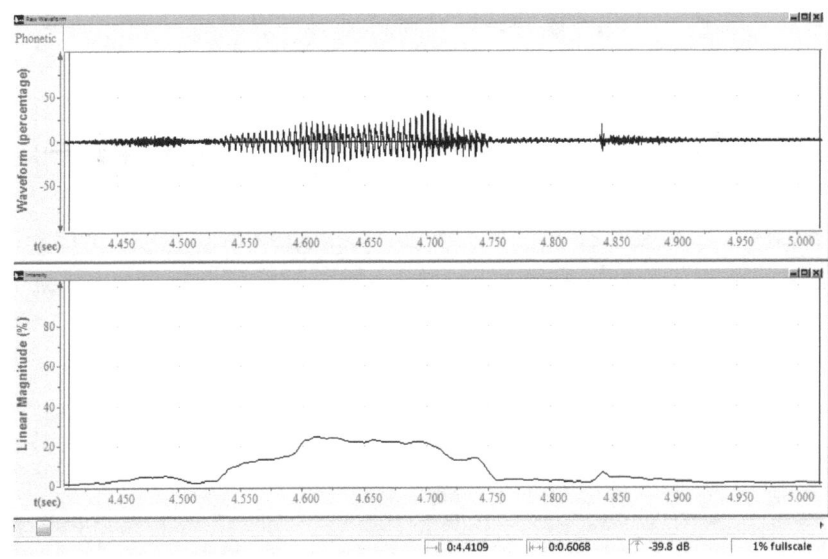

хлеб

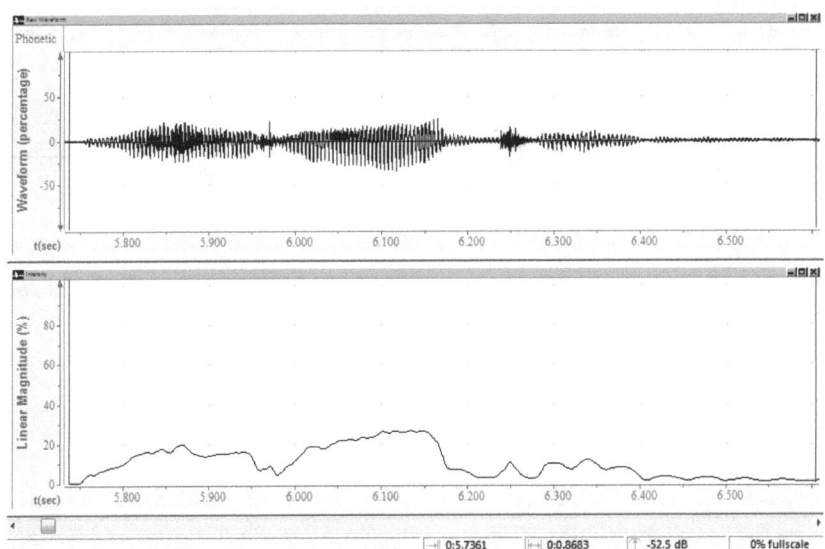

народ

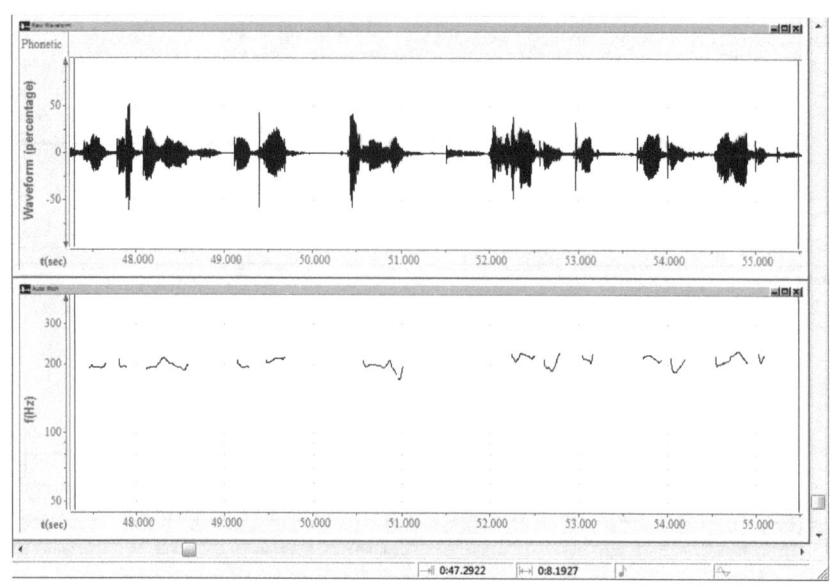

я поставил бы три слова: **хлеб**, труд, **народ**.

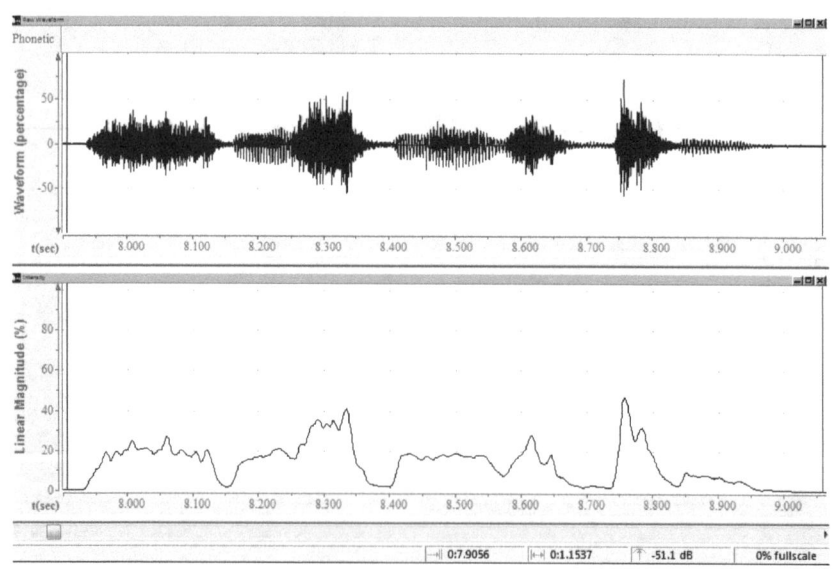

сущность

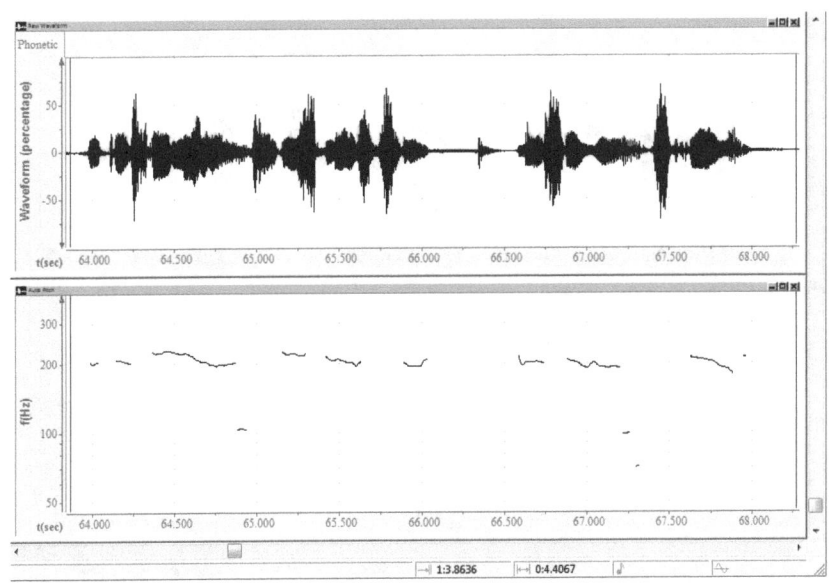

Это самая **сущность** нашего строя.

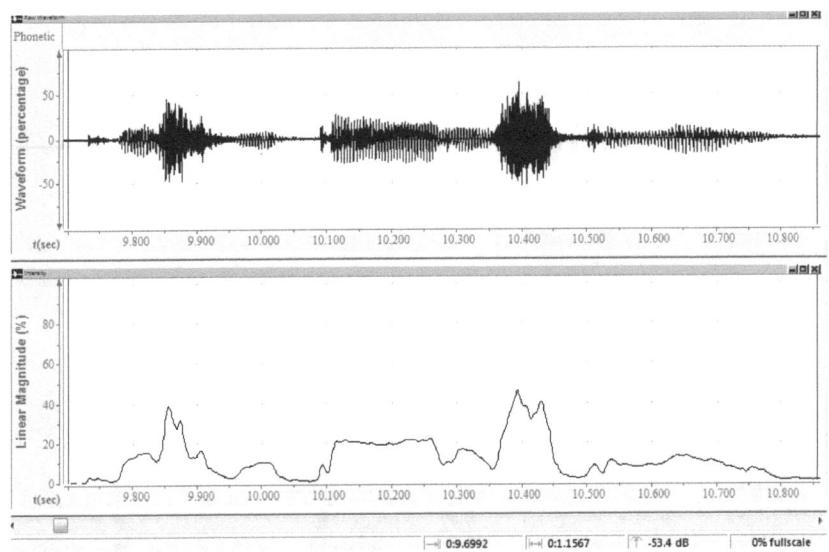

государство

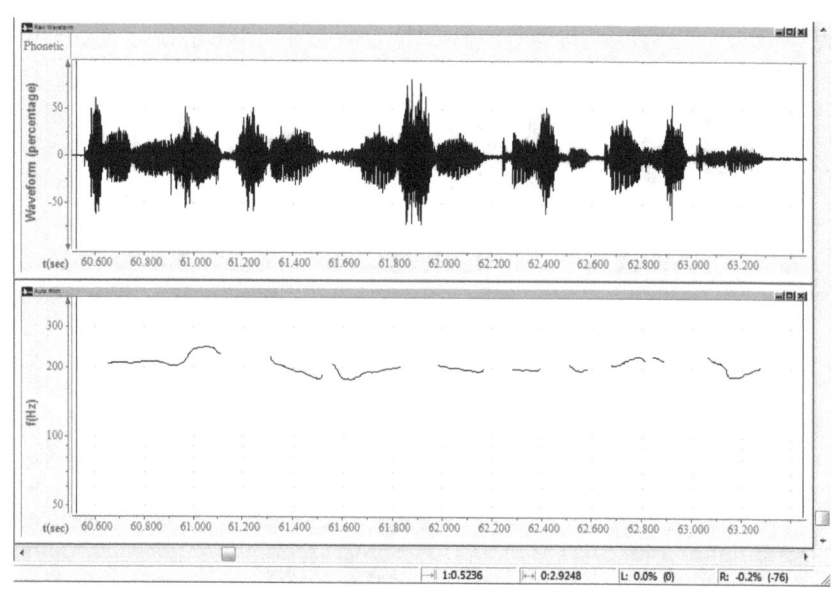

держится наше **государство**

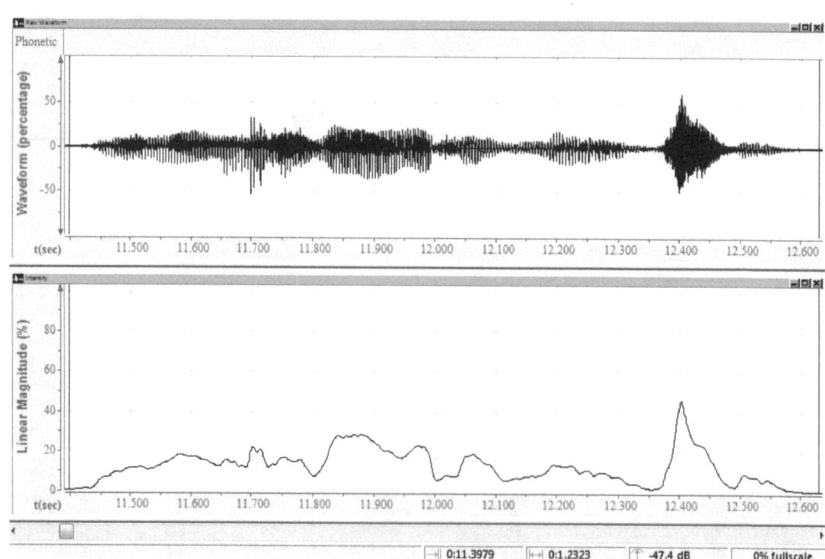

разорвать

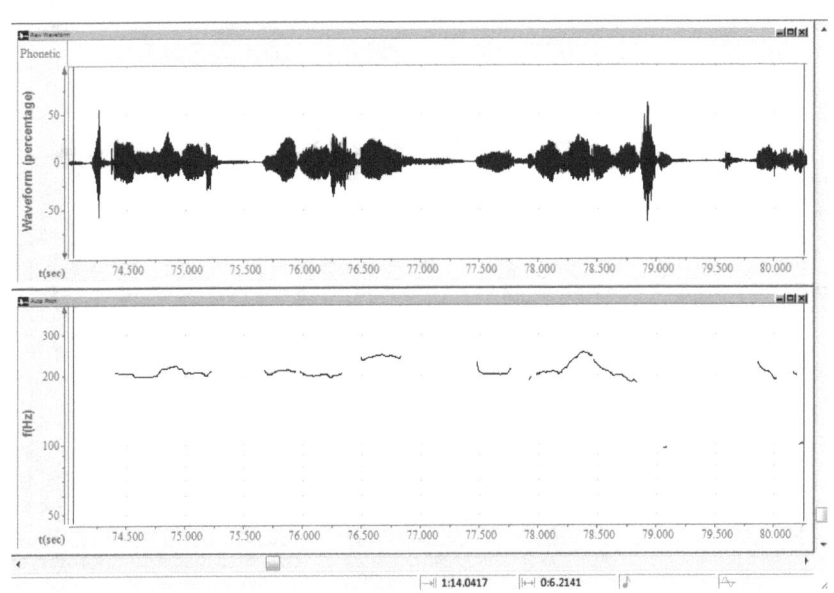

что не **разорвать** их

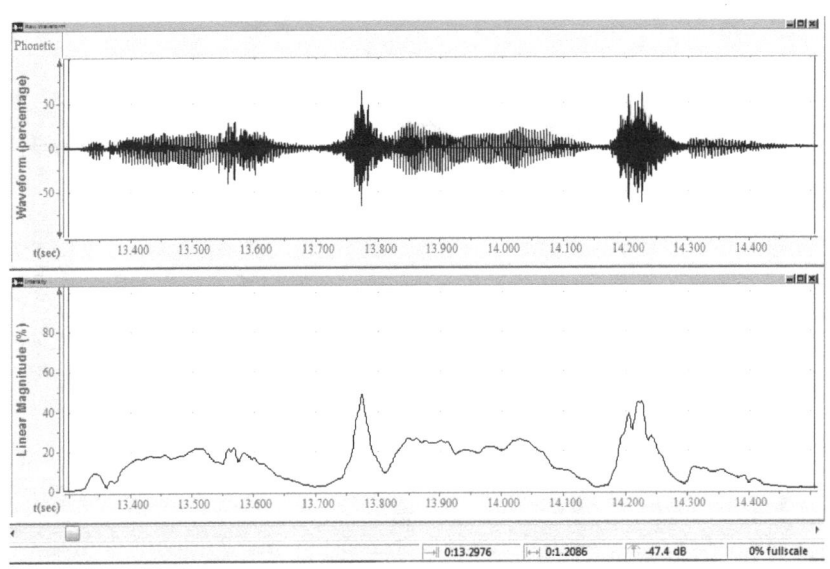

разделить

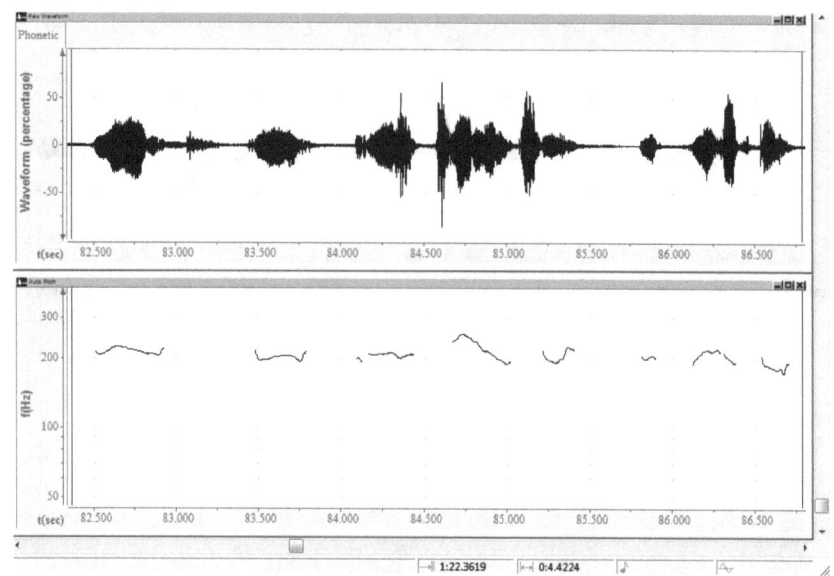

Не **разделить** никогда

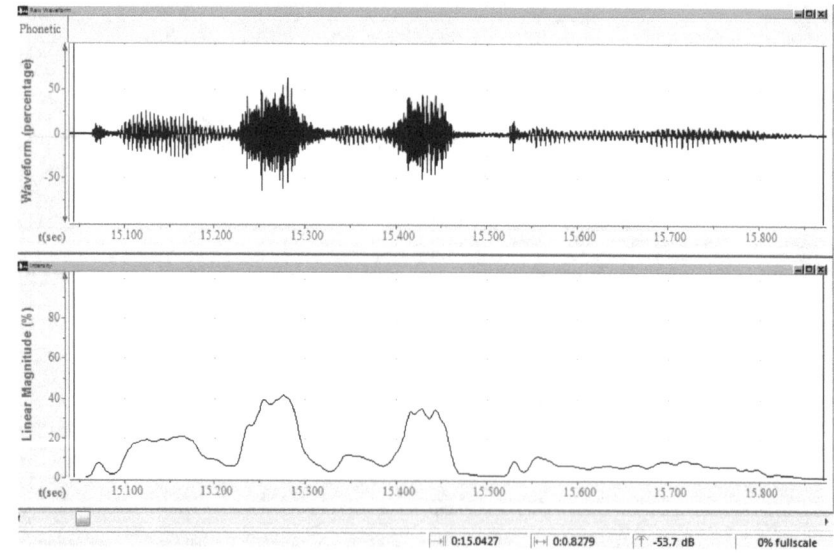

качество

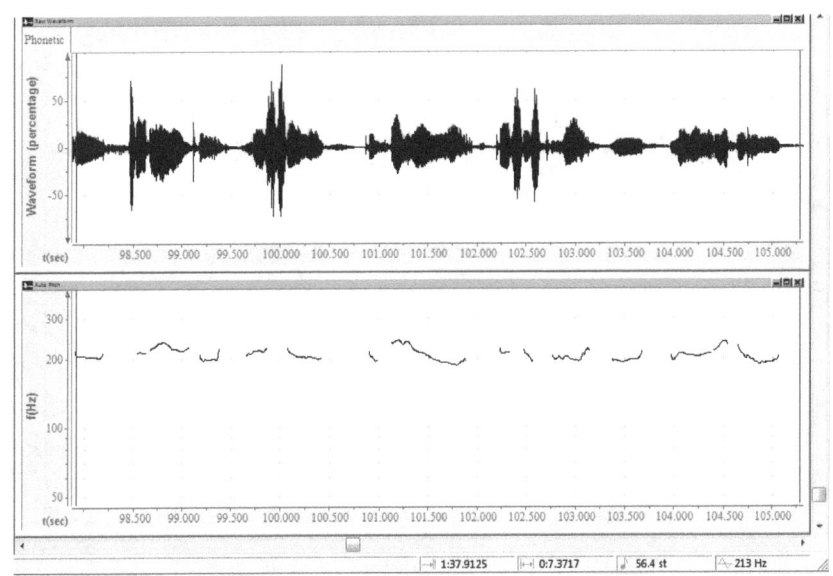

теряет лучшие духовные **качества** народные

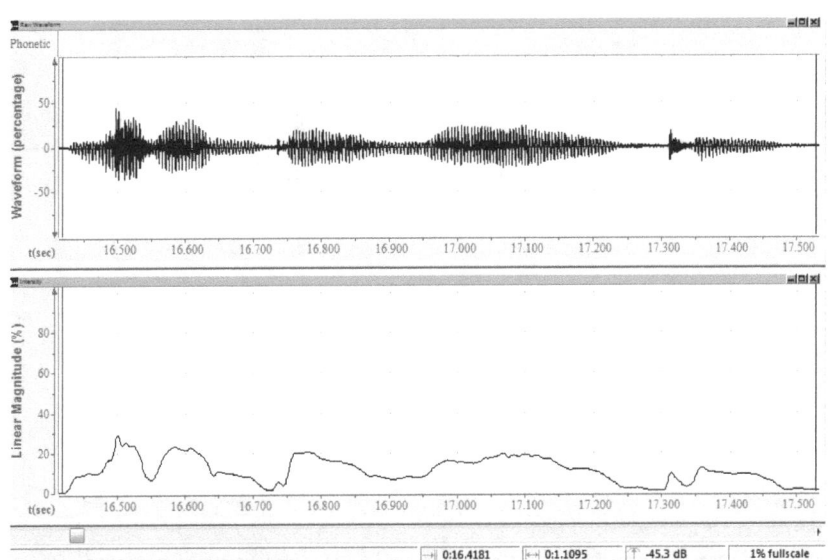

забывает

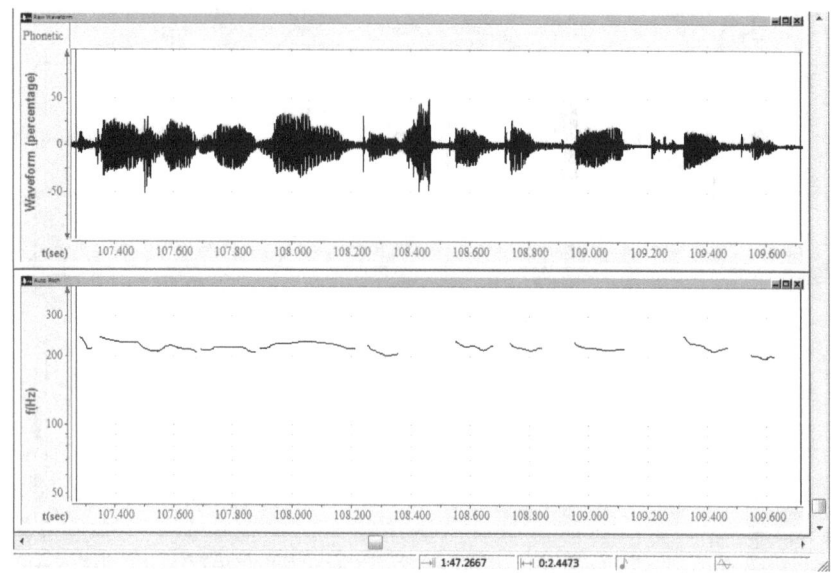

Кто **забывает**, что такое труд

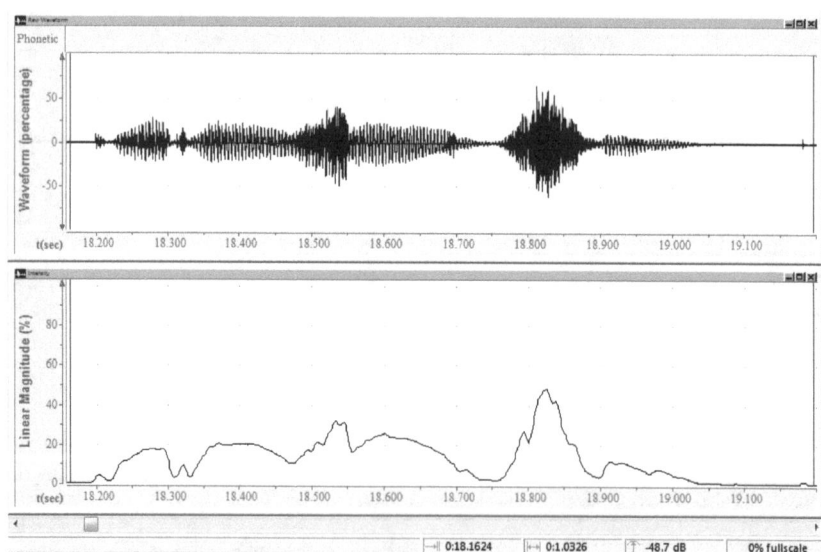

дорожить

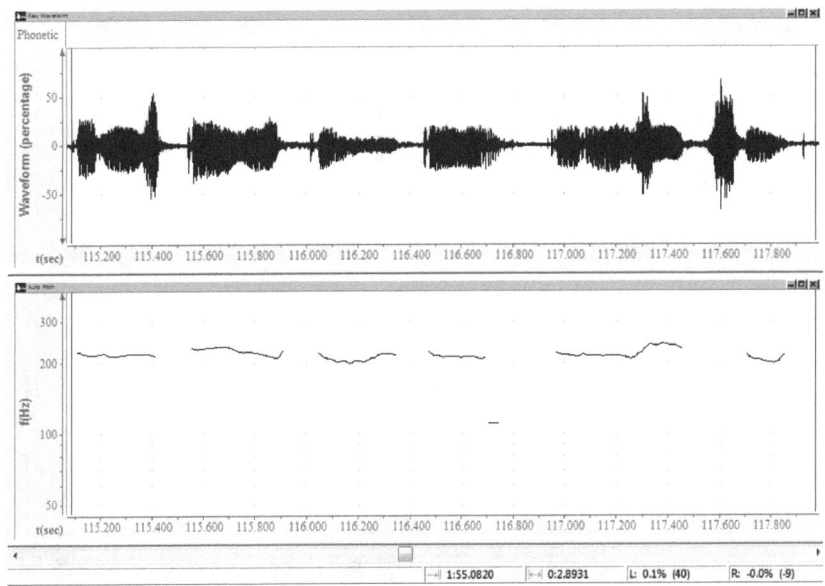

перестает **дорожить** хлебом

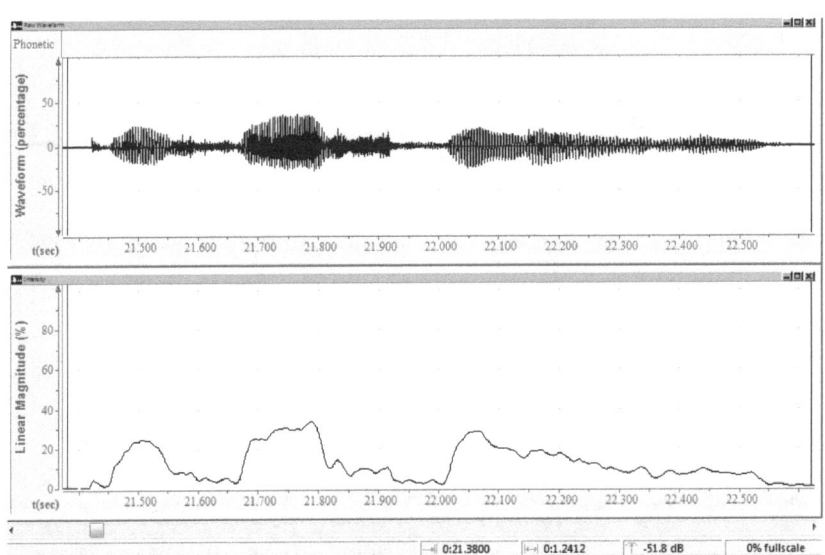

духовные

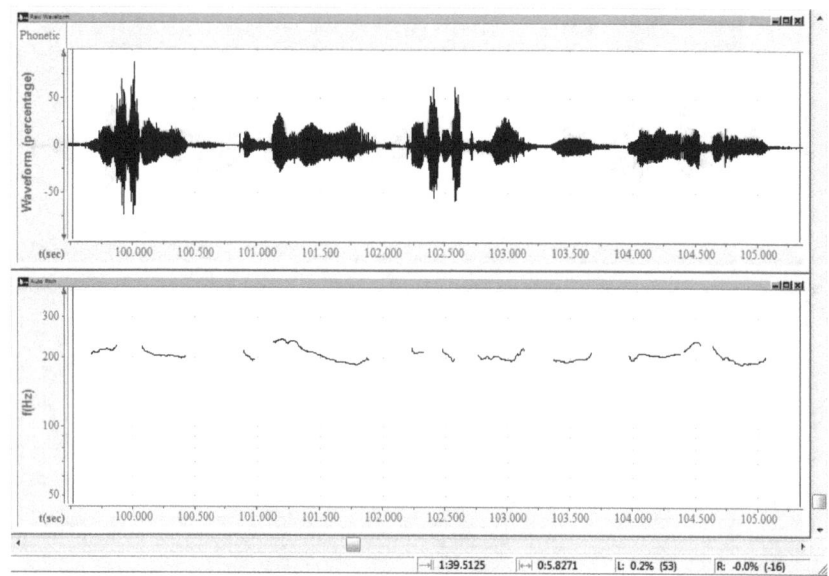

теряет лучшие **духовные** качества народные

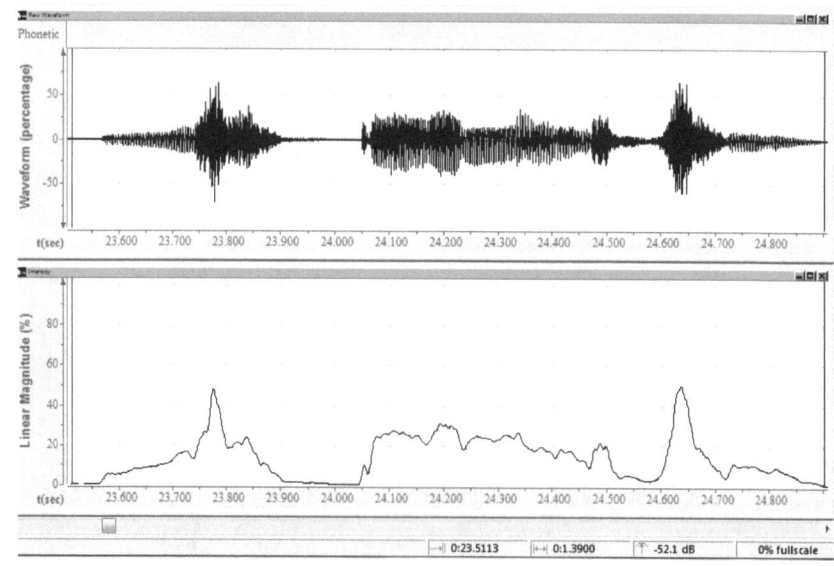

усталость

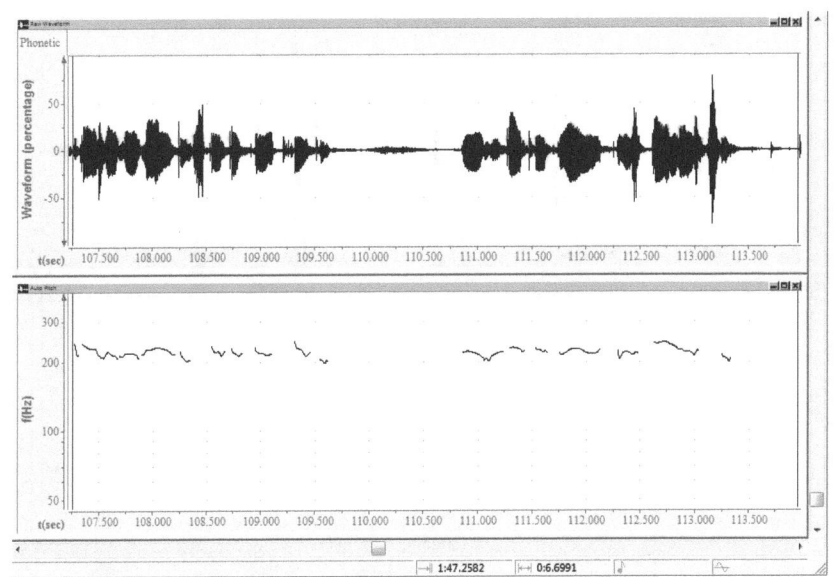

Кто забывает, что такое труд, пот и **усталость**

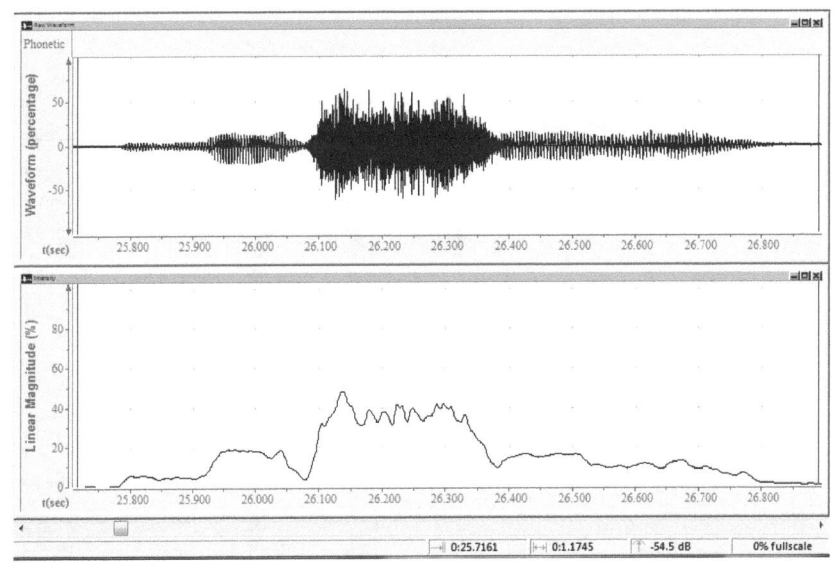

лучшие

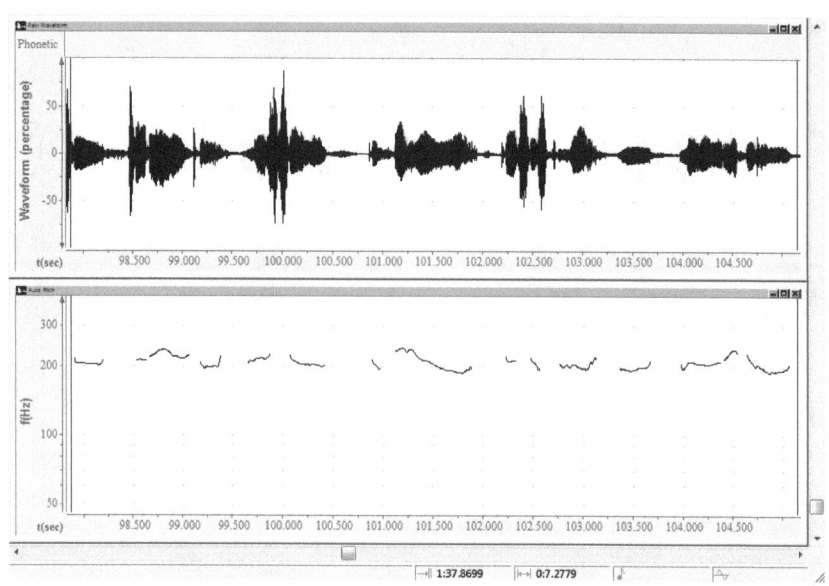

теряет **лучшие** духовные качества народные

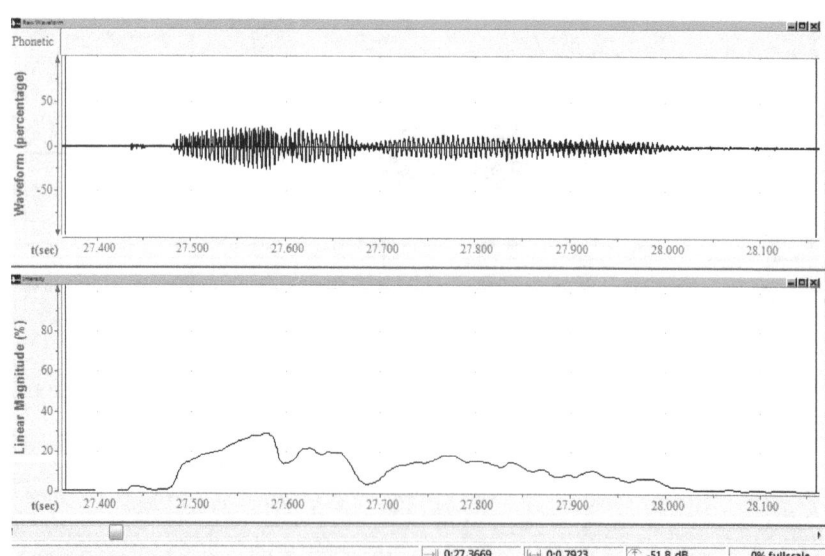

корни

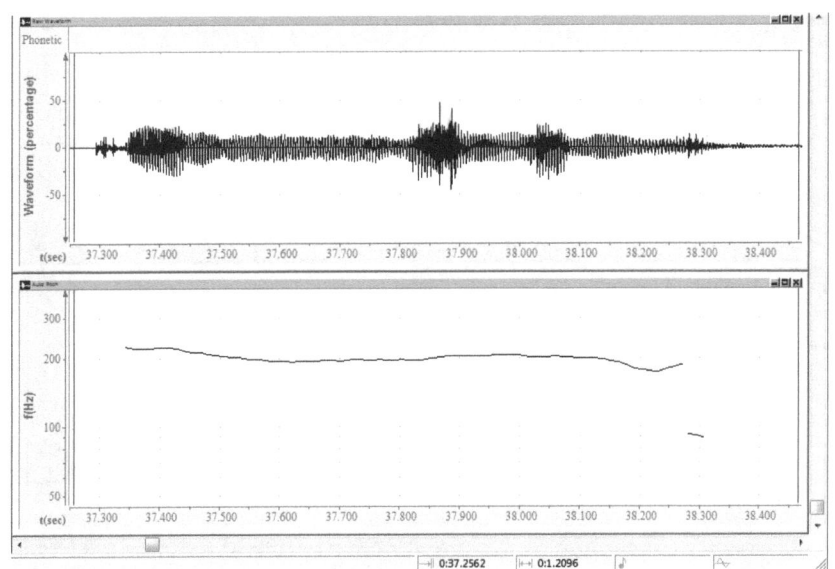

Корни жизни

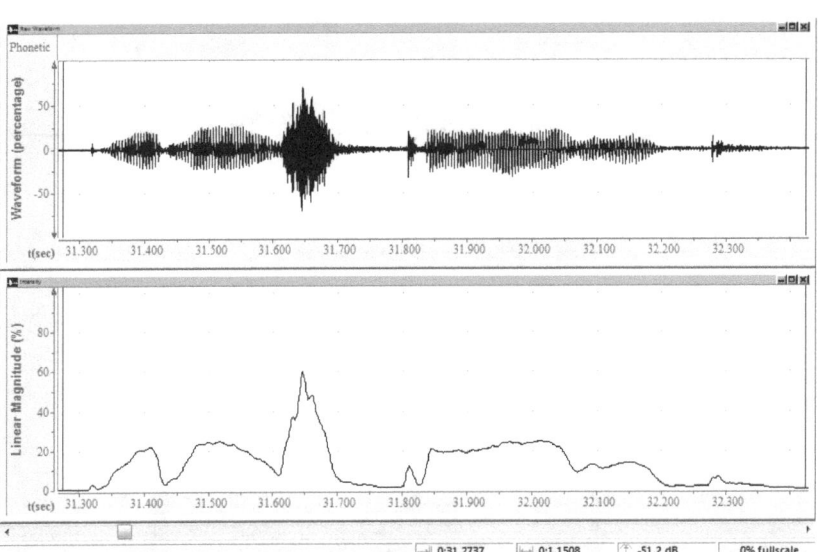

перестает

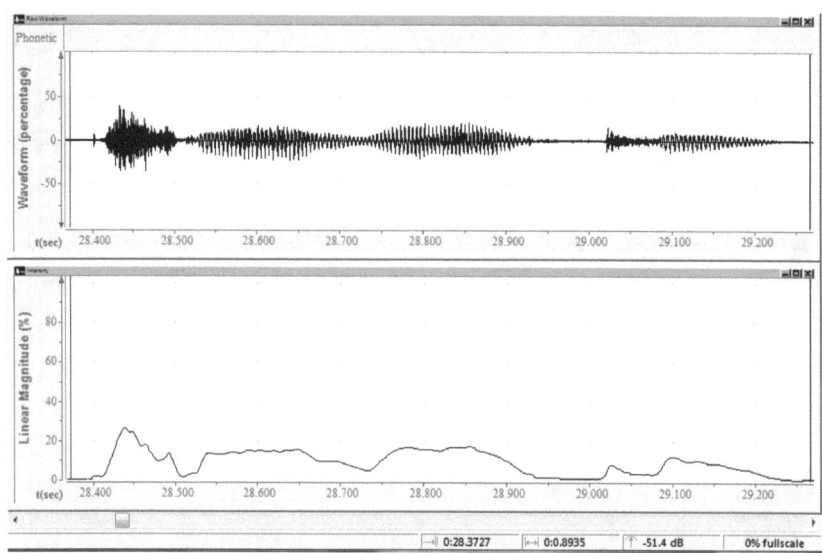

человек

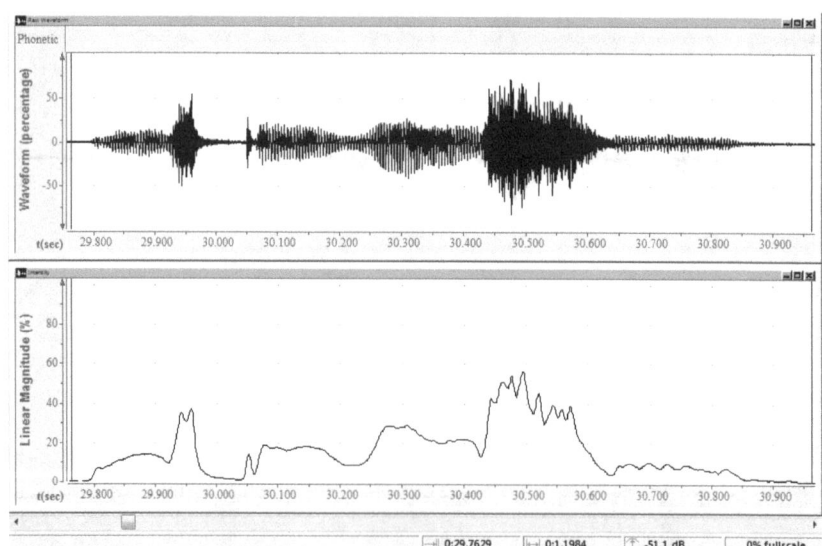

настоящий

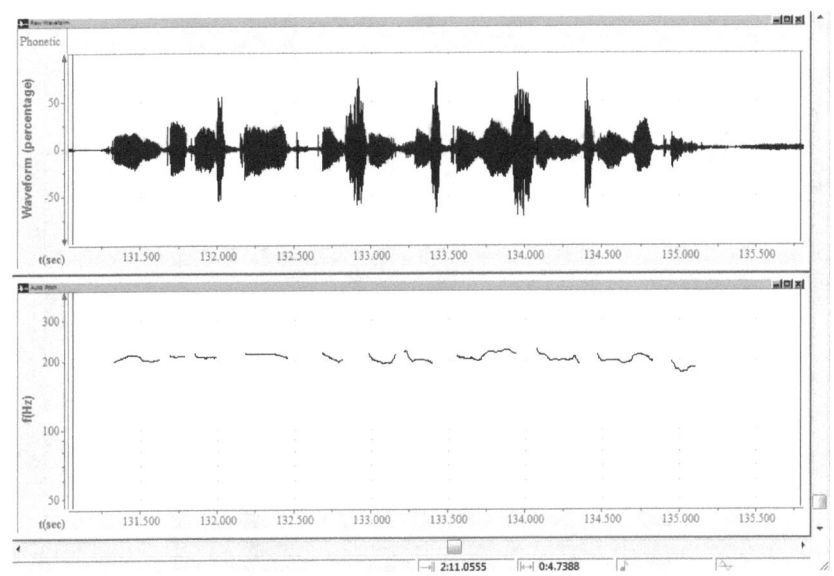

он **перестает** быть **настоящим человеком**

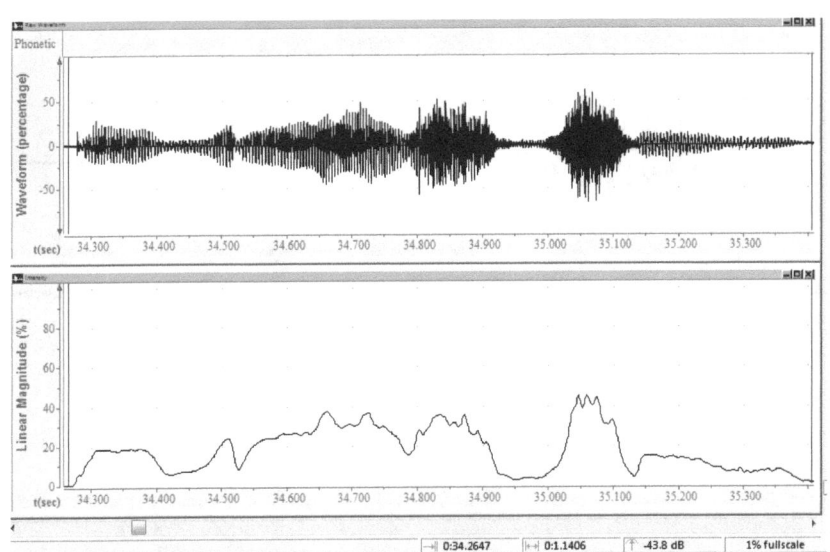

поврежден

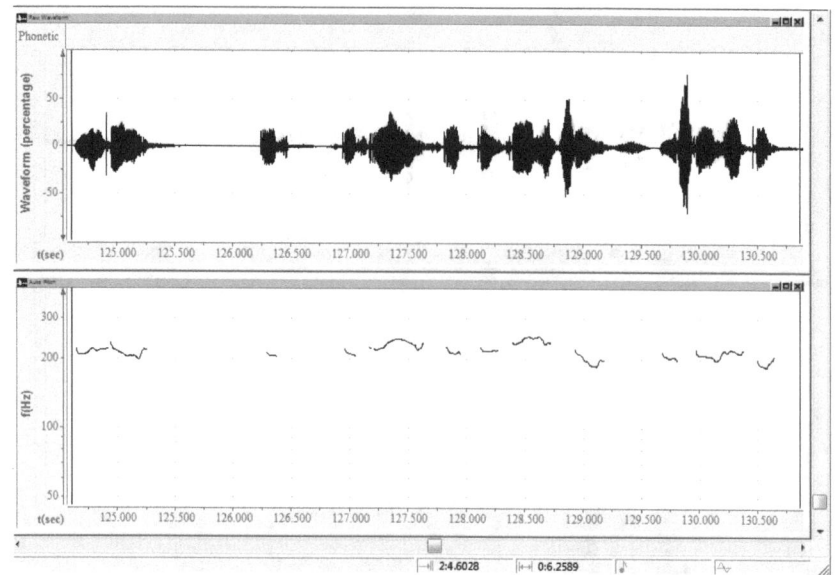

ни был повреждён у человека

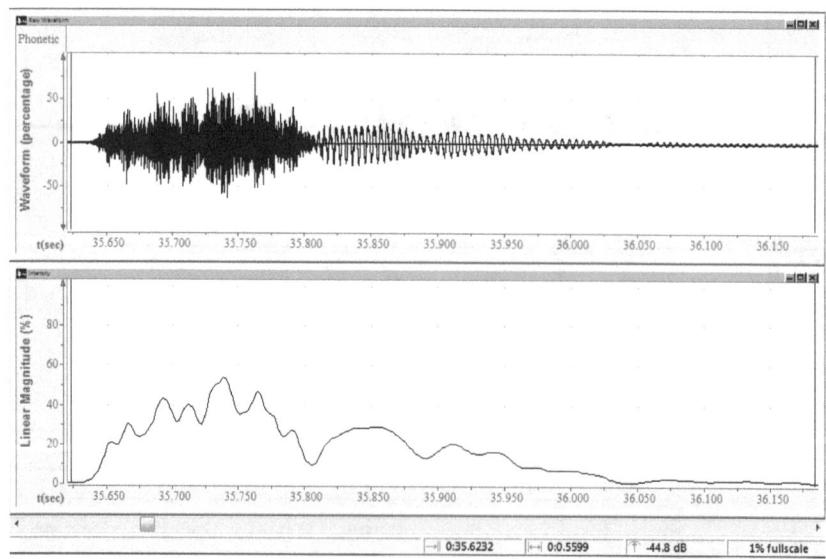

сын

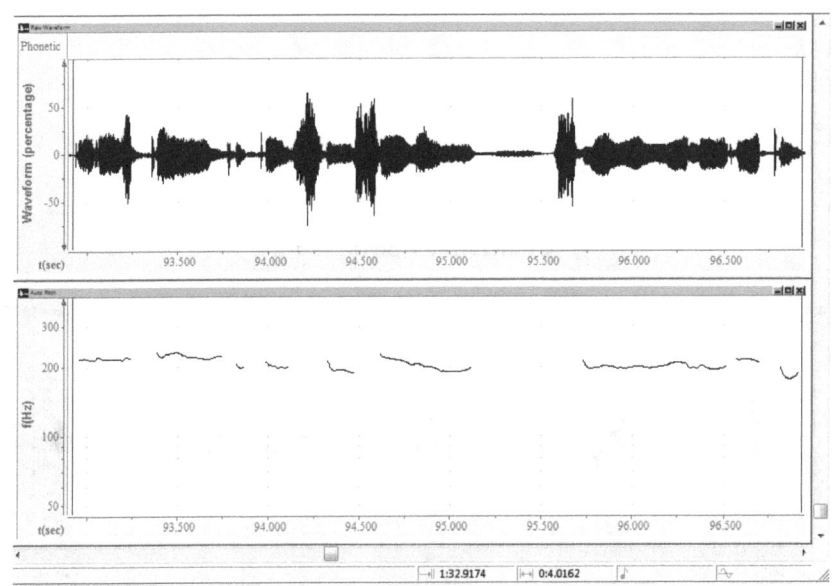

перестает быть **сыном** своего народа

Приложение 2

Спонтанная речь (1)

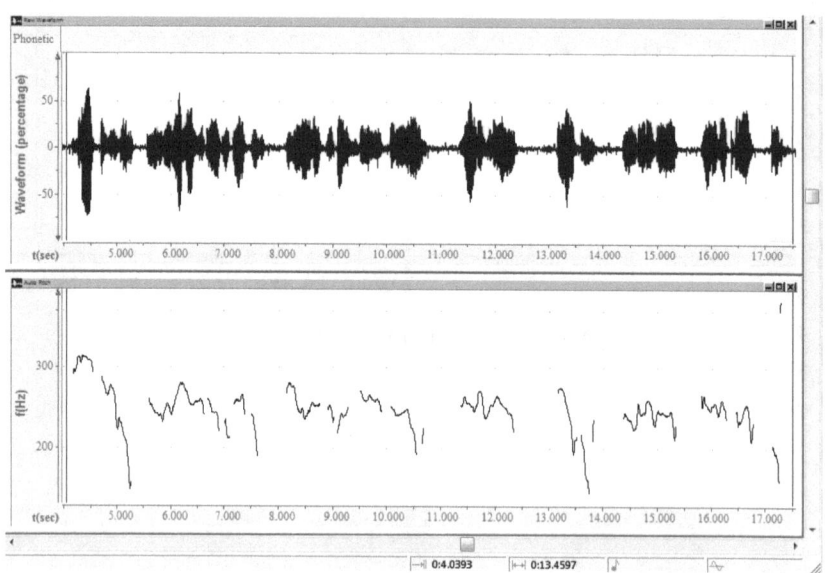

Здравствуйте (…) *меня завут Акад/ У меня большая семья/ Я люблю/ спорт/ я люблю/ книгу.*

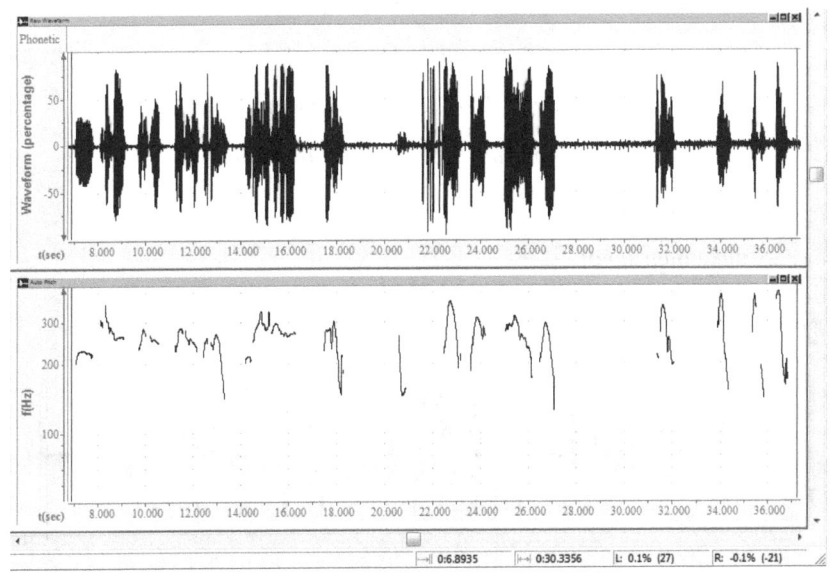

Сегодня есть хорошая погода (…) Сейчас у меня | есть хорошее настроение/Потому что γ сегодня мой | день рождения/Они | подарили мне/ одежду/ книгу/ ручку/ сумку.

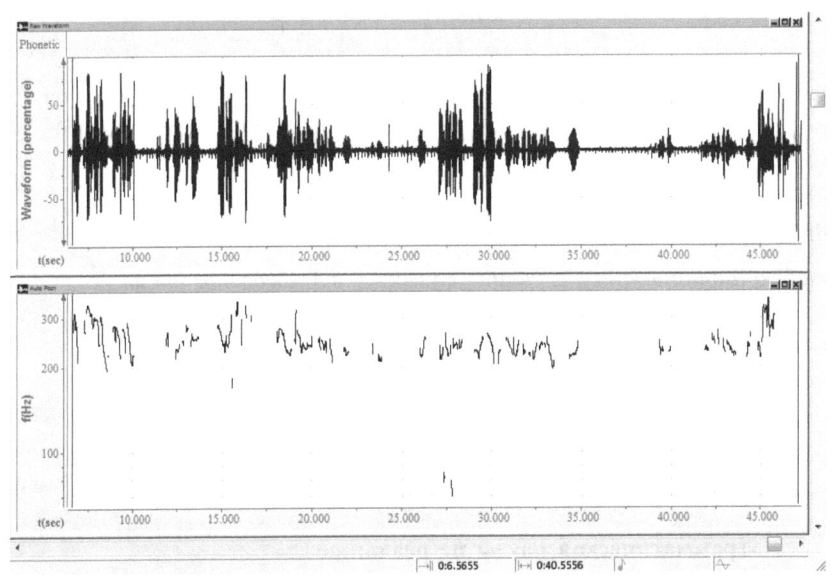

-Надя/ сейчас уже поздно γ что ты ещё делаешь /

-Сейчас γ я | делаю домашнее задание /

-Ну ладно γ Сейчас γ я | очень устала/ я сплю /

-Хорошо/ я сделаю домашнее задание/ Я буду спать /

-Спокойной ночи /

-Спокойной ночи.

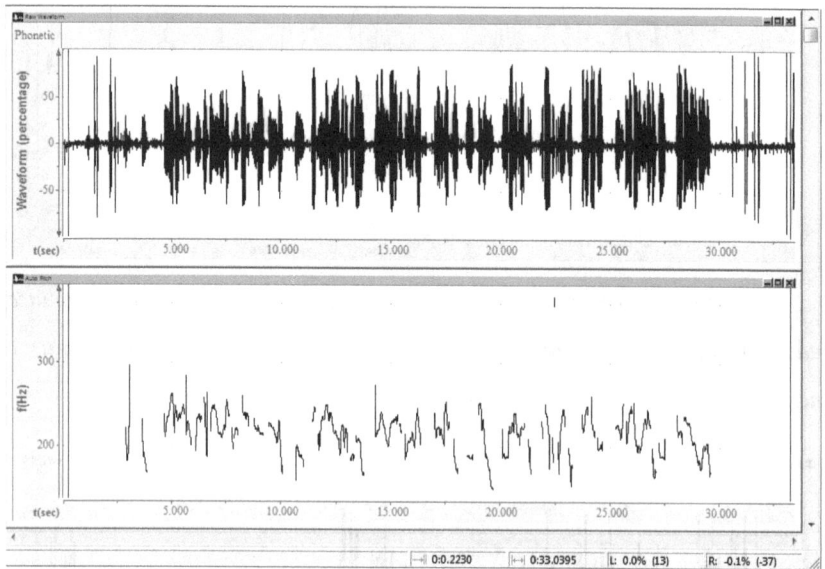

(...) Меня зовут Ли Зце γ У меня счастливая семья (...) Я приехала из Китая/ Мне нравится смотреть (...) фильм (...) Я люблю читать книгу/ слушать музыку γ в | свободное время.

(...) — паузы психологические

γ — паузы хезитации

/ -грамматические паузы реальные

| -грамматическая паузы не реальные

Спонтанная речь (2)

1. Здравствуйте, меня зовут Лариса, я китаянка сейчас я уже изучила русский язык 3 года. Для меня русский язык очень трудно особенно звук, я уже изучила в России всего 9 месяцев. Очень жаль что мы скоро поедем домой. Я надеюсь что через два года мы можем ещё раз поехать в России и продолжить учиться.

2. Здравствуйте меня зовут Иван я учусь в Казане сейчас и Казань мне очень нравится, особенно природа воздух и здание и так далее. В России я заметила что девушка больше чем мальчика. И я надеюсь, что я ещё вернусь в России учиться и всё.

3. Здравствуйте меня зовут Наташа. Я училась в Казане всего 9 месяцев. Жизнь в Казане мне очень нравится потому что я не только улучшилась свой русский язык но и познакомилась с многими интересными людьми, и познакомилась с русской культуры. Хотя я скоро вернусь в Китай. Но жизни в Казани я никогда не забуду. Всё.

4. Здравствуйте меня зовут Анна, я училась в Казани 1 год, мне очень нравится Казань, но общежитие которой мы живём как трудно.

5. Добрый вечер меня зовут Вера. Я хочу вам задать вопрос как вы относитесь к русскому языку, трудный язык или нет. Для меня русский язык очень трудный, хотя бы я уже учусь русскому языку 3 года. Но как будто не было мне надо стараться, чтобы лучше учусь русскому языку.

6. Мне очень нравится Казань. Потому что здесь везде очень тихо, воздух свежий, небо голубое, я хочу ещё раз поехать в Казань.

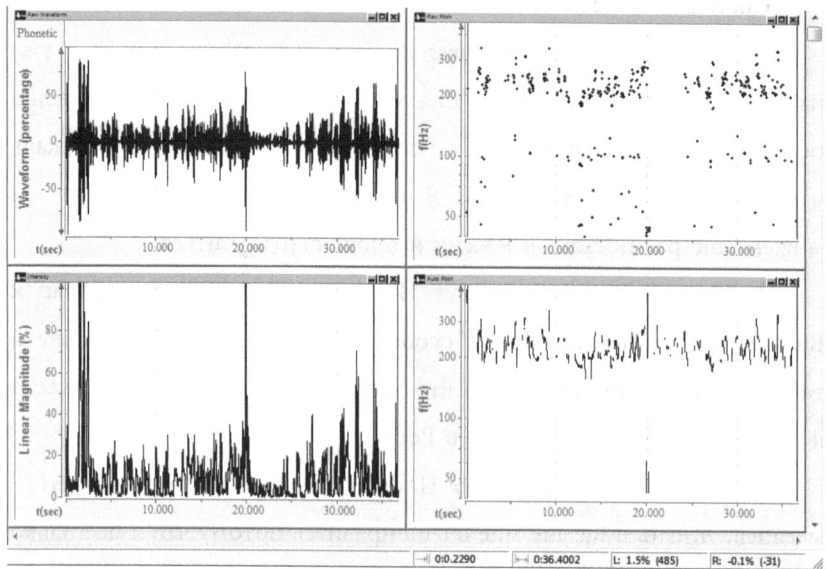

(1)

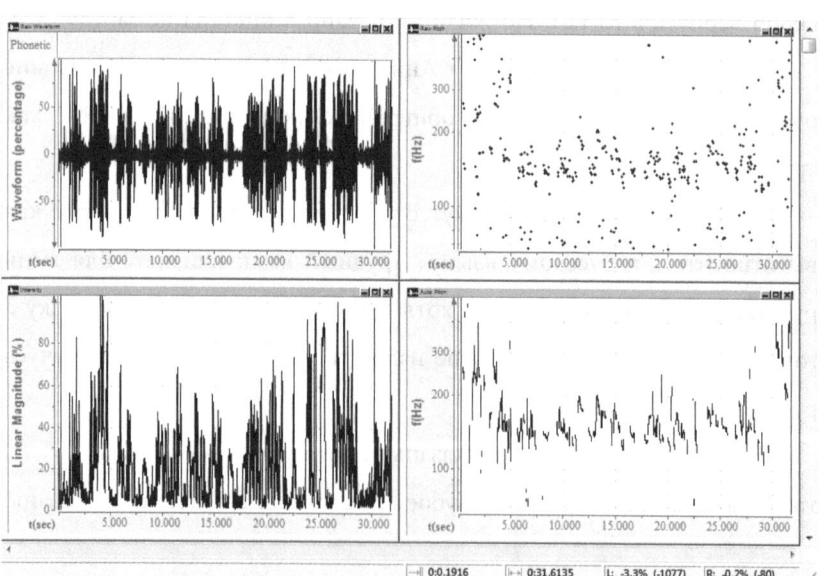

(2)

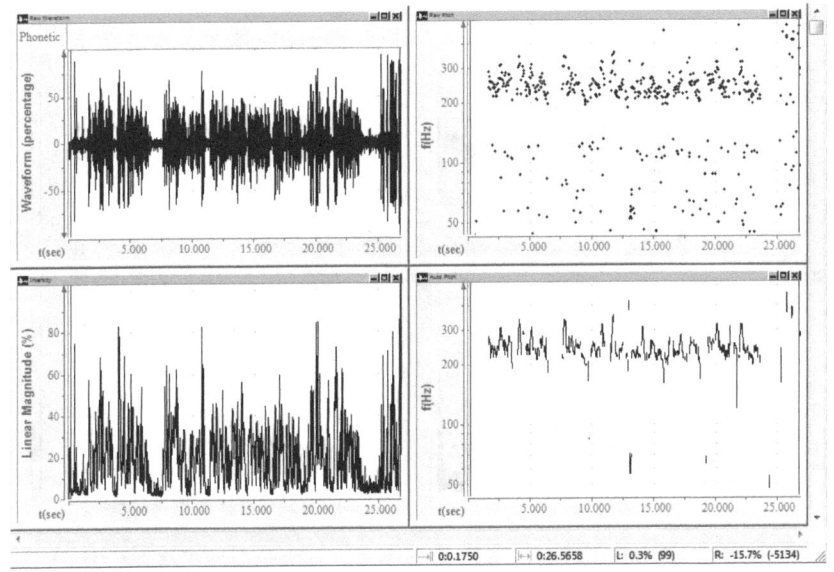

(3)

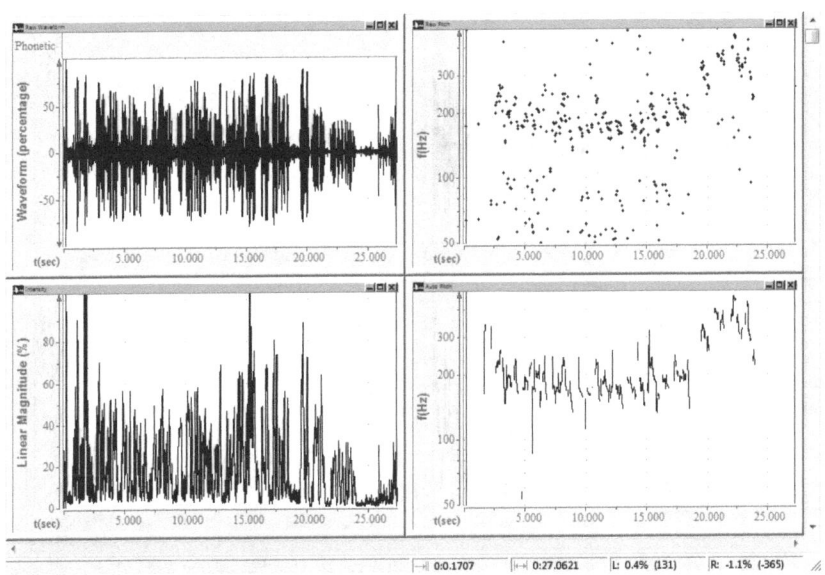

(4)

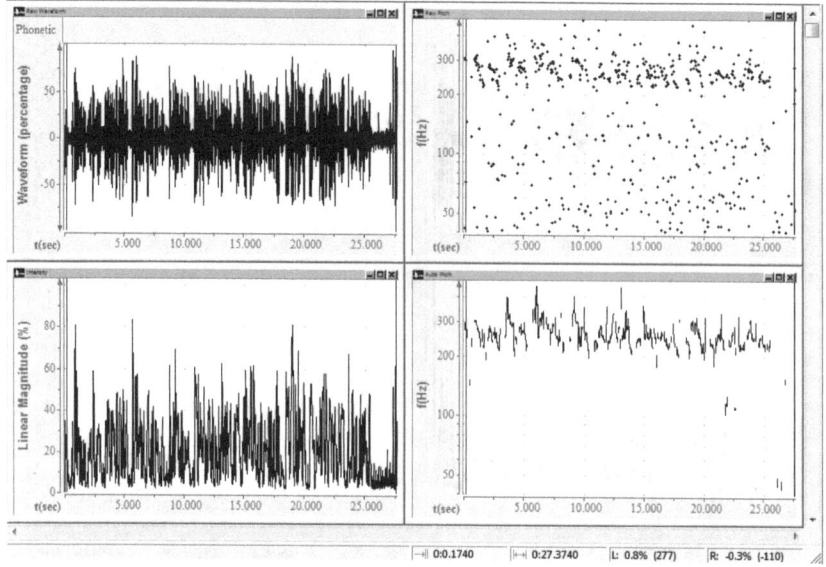

(5)

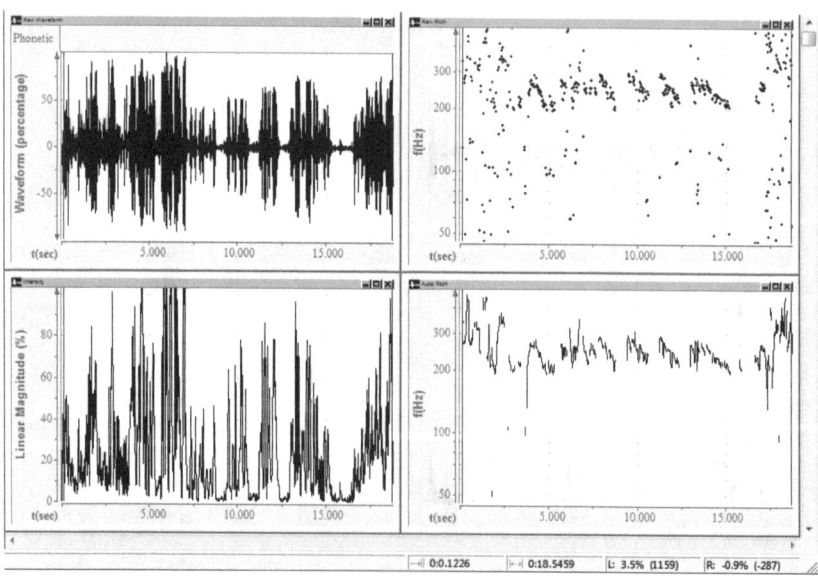

(6)

Приложение 3

Таблица 1

Длительность слогов в синтагмах текста (Дик1)

Число слогов	1	2	3	4	5	6	7
Длительность слогов (*сек*)	0.4766	0.4937	0.5449	1.2618	0.6101	1.2064	1.2517
	0.4093	0.4054	0.5483	0.8876	0.9530	1.6556	
	0.5508	0.4056	0.6570	0.7395	0.8945	0.9022	
	0.6008	0.8355	0.7707	0.6476	0.9372		
	0.3945	0.5231	0.5076	1.1426			
	0.2728	0.6045	0.7681	1.0037			
		0.5761	0.6668	0.8132			
		0.6278	0.6111	0.5802			
		0.5434	0.4113	0.7485			
		0.7237	0.8571				
		0.5146	0.6248				
		0.2735	0.6465				
		0.5673	0.7995				
		0.7352	0.6615				
		0.6493	0.5317				

(续表)

Число слогов	1	2	3	4	5	6	7
Длительность слогов (*сек*)		0.6794	0.7331				
		0.4791	0.8428				
		0.5954	0.7106				
		0.5470	1.0413				
		0.4618	0.8030				
		0.5778	0.6275				
		0.5879	0.7536				
		0.6878	0.9554				
Средняя величина	0.4508	0.5693	0.6989	0.8694	0.8487	1.2547	1.2517

Таблица 2

Длительность слогов в словах текста (Дик2)

Число слогов	1	2	3	4	5	7
Длительность слогов (*сек*)	0.4160	0.4581	1.0672	1.1508	0.8358	1.3038
	0.4244	0.3891	0.4921	0.9589	1.2290	
	0.3875	0.4732	0.5404	0.7815	1.9940	
	0.3707	0.4600	0.6690	0.9218	1.0820	
		0.3424	0.5475	0.7133		
		0.6054	0.7479	0.7468		
		0.5054	0.5452	0.9665		
		0.4794	0.4472	0.9337		
		0.7638	0.7287	0.9039		
		0.5591	0.5824	1.0863		
		0.6950	0.5168	0.7848		
		0.5992	0.7059	0.8216		
		0.5734	0.7495			
		0.5756	0.7339			
		0.5952	0.6839			
		0.6850	0.7278			
		0.4144	0.7483			
		0.6095	0.8939			
		0.3660	0.6027			
		0.4086				
		0.7036				
		0.6486				
		0.6813				
Средняя величина	0.3997	0.5475	0.6700	0.8975	1.2852	1.3038

Таблица 3

Длительность слогов в словах текста (Дик3)

Число слогов	1	2	3	4	5	6	7
Диапазон длитель-ности (сек)	0.3356	0.5339	0.4931	0.898	0.8783	1.0798	1.2142
	0.2388	0.5449	0.8683	0.8552	1.036		
		0.5311	0.7442	0.8853	1.3029		
		0.5081	0.5434	0.975	1.0293		
		0.5751	0.7473	0.6697	1.1193		
		0.4821	0.6552	0.6267	0.9146		
		0.6707	0.5066	0.7954	0.8462		
		0.6137	0.8076				
		0.5121	0.5101				
		0.5267	0.5291				
		0.3876	0.4412				
		0.466	0.6926				
		0.5632	0.6099				
		0.7654	0.6014				
		0.5429	0.9267				
		0.6794	0.8642				
		0.4384	0.4918				
			0.7423				
Средняя величина	0.2872	0.5495	0.6542	0.8193	1.0181	1.0798	1.2142

Таблица 4

Длительность слогов в словах текста (Дик4)

Число слогов	2	3	4	5	6	7
Длительность слогов (*сек*)	0.3669	0.4591	0.7923	0.6834	0.9383	0.7782
	0.2587	0.4050	0.6273	0.8014	0.7701	
	0.4657	0.6098	0.6985	0.7984		
	0.5354	0.5053	0.4809			
	0.4419	0.5907	0.7178			
	0.3306	0.4864	0.6026			
	0.4683	0.4351	0.7453			
	0.3710	0.4871				
	0.4320	0.5537				
	0.4602	0.5521				
	0.4356	0.5500				
	0.3057	0.6078				
	0.3930	0.4075				
	0.4110	0.6107				
	0.3148					
	0.4046					
Средняя величина	0.3997	0.5186	0.6664	0.7610	0.8542	0.7782

Таблица 5

Сравнение длительности синтагм по всем дикторам

Дикторы	Дик1	Дик2	Дик3	Дик4	Дик1	Дик2	Дик3	Дик4
Состав синтагм	Диапазон длительности (сек)				Средняя величина (сек)			
1	1.6609				1.6609			
2	1.0370 – 1.7143	1.1023 – 1.7770	0.8872	0.7225	1.3138	1.3915	0.8872	0.7225
3	1.2887 – 6.6537	2.4841 – 2.6083	1.5600 – 2.8990	1.7228	2.8753	2.5461	2.2113	1.7228
4	1.4484 – 3.7830	1.3118 – 4.6440	1.2497 – 3.6321		2.7229	2.8769	2.2046	
5	2.4746 – 10.9244	2.0673 – 7.4142	3.4011 – 4.3888		4.8512	4.8512	3.9294	
6	2.5914 – 6.6500	2.5323 – 4.1869	2.7798 – 5.8611	3.1331 – 5.2420	5.0022	3.4711	4.1012	4.1876
7	3.2129	3.8618 – 4.1524	2.7010 – 11.0721	2.1003 – 3.2968	3.2129	4.0071	5.0022	2.6021
8	4.5252	6.9176	3.6837		4.5252	6.9176	3.6837	
9		4.9022 – 6.2502	5.3916	3.0029		5.5762	5.3916	3.0029
10			8.9287	3.6482 – 4.2365			8.9287	4.1007
12			4.8469 – 7.6242				6.4382	
13		10.7263				10.7263		
14		9.9902		6.0735		9.9902		6.0735
15				5.0780				5.0780
16				4.0773				4.0773
17				8.9110				8.9110
18				7.7328				7.7328

Таблица 6

Количественный состав синтагм по всем дикторам

Число слов в синтагмах	Дик1	Дик2	Дик3	Дик4
1	1			
2	6	5	1	1
3	10	3	5	1
4	6	4	4	
5	7	5	3	
6	5	5	3	2
7	1	2	3	3
8	1	1	1	
9		2	1	1
10			1	3
12				
13			3	
14				1
15				1
16				1
17				1
18				1

Таблица 7

Интенсивность гласных в разных положениях в речи всех дикторов

Гласный	Диапазон, средняя величина	Положение в слове	Дик1	Дик2	Дик3	Дик4	Дик5	Дик6
а	Диапазон [а]	Ударный	[-19.0, -4.6]	[-11.3, -0.8]	[-10.7, -1.6]	[-11.4, -1.9]	[-10.2, -1.6]	[-9.0, -0.7]
		Первый предударный	[-29.6, -7.3]	[-5.6, -5.4]	[-14.8, -3.3]	[-15.5, -2.9]	[-11.1, -7.6]	[-13.7]
		Второй заударный		[-9.8, -2.8]	[-17.1, -6.8]	[-11.1]		
		Первый предударный	[-24.2, -13.0]	[-9.2, -2.0]	[-9.6, -6.8]	[-8.7, -6.5]	[-13.2, -6.8]	[-8.8, -3.2]
		Второй предударный				[-6.3]	[-13.2, -7.7]	
	Средняя величина [а]	Ударный	[-11.7]	[-5.6]	[-6.1]	[-6.6]	[-6.3]	[-7.6]
		Первый заударный	[-15.5]	[-5.5]	[-9.1]	[-7.2]	[-8.8]	[-13.7]
		Второй заударный		[-6.8]	[-10.6]	[-11.1]		
		Первый	[-17.7]	[-5.8]	[-8.7]	[-7.6]	[-9.8]	[-6.0]
		Второй предударный				[-6.3]	[-10.9]	

(续表)

Гласный	Диапазон, средняя величина	Положение в слове	Дик1	Дик2	Дик3	Дик4	Дик5	Дик6
и	Диапазон [и]	Ударный	[−24.8, −11.0]	[−13.0, −5.5]	[−11.5, −5.5]	[−14.0, −5.1]	[−11.4, −9.0]	[−15.8]
		Первый заударный	[−18.1, −16.1]	[−15.8, −1.7]	[−15.0, −4.2]	[−11.4, −5.1]	[−11.9, −9.8]	[−5.3, −2.8]
		Второй заударный			[−11.2, −10.1]			
		Первый предударный		[−11.9]	[−12.3]	[−9.8, −5.1]		
		Второй предударный	[−22.5, −16.7]		[−11.2]			
	Средняя величина [и]	Ударный	[−16.7]	[−9.5]	[−8.7]	[−9.4]	[−10.2]	[−15.8]
		Первый заударный	[−17.1]	[−9.7]	[−9.3]	[−8.3]	[−10.5]	[−4.1]
		Второй заударный			[−10.7]	[−7.5]		
		Первый предударный		[−11.9]	[−12.3]			
		Второй предударный	[−20.0]		[−11.2]			

(续表)

Гласный		Положение в слове	Дик1	Дик2	Дик3	Дик4	Дик5	Дик6
у	Диапазон, средняя величина	Ударный	[−17.5, −14.2]	[−10.7, −6.7]	[−14.5, −5.7]	[−7.2, −1.1]	[−9.5, −3.3]	[−9.5, −3.1]
	Диапазон [у]	Первый заударный	[−13.6]	[−11.8, −8.9]	[−19.9, −11.6]	[−6.5]		[−11.4]
		Второй заударный		[−2.4]			[−11.6, −8.1]	
		Первый предударный	[−24.8, −10.0]	[−10.9, −8.6]	[−12.1, −5.7]	[−9.2, −8.1]	[−9.3, −6.0]	[−5.2]
		Второй предударный						
	Средняя величина [у]	Ударный	[−16.4]	[−8.7]	[−9.4]	[−4.2]	[−6.9]	[−6.2]
		Первый заударный	[−13.6]	[−10.4]	[−15.8]	[−6.5]		[−11.4]
		Второй заударный		[−2.4]			[−10.0]	
		Первый предударный	[−15.3]	[−9.8]	[−9.2]	[−8.7]	[−7.9]	[−5.2]
		Второй предударный						

(续表)

Гласный	Диапазон, средняя величина	Положение в слове	Дик1	Дик2	Дик3	Дик4	Дик5	Дик6
e	Диапазон [э]	Ударный	[−24.3, −11.2]	[−11.0, −2.7]	[−10.9, −4.1]	[−10.2, −8.0]	[−11.3, −4.3]	[−11.2, −1.5]
		Первый заударный	[−26.9, −10.3]	[−12.4, −4.3]	[−10.6, −7.1]	[−12.2, −1.3]	[−12.0, −6.6]	[−16.2, −3.6]
		Второй заударный	[−22.4]		[−18.7, −7.5]	[−6.0, −4.9]	[−8.2]	
		Первый предударный	[−21.0, −13.7]	[−11.1, −2.6]	[−8.6, −4.5]	[−15.2, −4.0]	[−13.5, −7.3]	[−9.3, −7.8]
		Второй предударный						
	Средняя величина [э]	Ударный	[−15.5]	[−7.9]	[−8.4]	[−8.2]	[−8.4]	[−4.9]
		Первый заударный	[−17.0]	[−9.1]	[−8.9]	[−6.8]	[−9.3]	[−9.9]
		Второй заударный	[−22.4]		[−11.3]	[−5.5]	[−8.2]	
		Первый предударный	[−18.6]	[−4.9]	[−7.3]	[−11.3]	[−10.4]	[−8.6]
		Второй предударный						

(续表)

Гласный	Диапазон, средняя величина	Положение в слове	Дик1	Дик2	Дик3	Дик4	Дик5	Дик6
o	Диапазон [o]	Ударный	[−24.5, −2.9]	[−8.7, −0.1]	[−9.4, −1.5]	[−9.0, −3.3]	[−7.9, −1.9]	[−7.0, −0.9]
		Первый заударный	[−15.0, −13.5]		[−12.1, −1.4]	[−6.4]	[−9.2, −4.8]	[−6.7, −1.3]
		Второй заударный	[−12.5]			[−2.5]		[−2.7]
		Первый предударный	[−25.9, −5.6]	[−8.1, −7.1]	[−9.8, −5.7]	[−7.2, −5.5]	[−7.9, −4.8]	[−4.8, −0.9]
		Второй предударный	[−0.3]		[−10.2, −6.6]			[−0.1]
	Средняя величина [o]	Ударный	[−13.5]	[−4.7]	[−5.5]	[−7.2]	[−5.0]	[−2.5]
		Первый заударный	[−14.2]		[−7.2]	[−6.4]	[−7.5]	[−4.0]
		Второй заударный	[−12.5]			[−2.5]		[−2.7]
		Первый предударный	[−14.6]	[−7.4]	[−8.1]	[−6.4]	[−6.5]	[−2.2]
		Второй предударный	[−0.3]		[−7.9]			[−0.1]

(续表)

Гласный	Диапазон, средняя величина	Положение в слове	Дик1	Дик2	Дик3	Дик4	Дик5	Дик6
ы	Диапазон [ы]	Ударный	[−20.6, −13.7]		[−14.3, −11.8]	[−10.5]	[−9.0, −4.6]	
		Первый заударный			[−9.2]	[−2.7]	[−8.1, −3.2]	
		Второй заударный					[−13.2]	
		Первый предударный					[−14.1, −7.8]	
		Второй предударный						
	Средняя величина [ы]	Ударный			[−13.1]	[−10.5]	[−6.5]	
		Первый заударный			[−9.2]	[−2.7]	[−6.2]	
		Второй заударный					[−13.2]	
		Первый предударный					[−11.0]	
		Второй предударный						

Таблица 8

Показания ЧОТ в динамике произнесения разными дикторами

(*в сек*)

Состав синтагм	Дик1	Дик2	Дик3	Дик4	Дик5	Дик6	Дик7	Дик8
1	281	254	240	169	266	154	240	202
2	258	266	237	159	263	151	217	199
3	273	274	219	166	272	155	219	196
4	264	264	221	180	258	163	221	201
5	267	249	218	168	249	149	207	227
6	300	281	221	180	268	159	223	204
7	267	247	213	148	266	153	199	186
8	271	256	164	165	249	150	214	196
9	259	265	210	184	253	155	214	189
10	264	285	219	171	252	156	206	209
11	273	347	189	190	250	155	209	210
12	271	257	220	164	284	151	213	176
13	280	265	211	180	260	153	227	197
14	265	244	226	166	247	152	212	202
15	285	248	208	194	248	149	210	209
16	274	248	214	162	265	162	214	207
17	279	240	220	160	261	156	205	242
18	265	266	161	168	247	158	206	196
19	274	245	204	177	269	158	201	226
20	249	226	209	166	265	153	211	189
21	259	239	220	188	253	143	211	172
22		245	205	158		155	201	191
23		259	179	157		151	240	201
24		252	216			155		207
25		255	211			157		190
26		246	211			158		209
27			201			153		176
28			212			157		
29						149		
30						151		

Таблица 9

Количество слогов в синтагме по всем дикторам

Состав синтагм	Дик1	Дик2	Дик3	Дик4	Дик5	Дик6	Дик7	Дик8
1	7	10	2	5	10	2	2	13
2	3	9	5	4	9	3	5	6
3	9	1	12	9	8	8	12	8
4	8	7	8	8	6	6	8	6
5	6	6	6	6	4	3	6	4
6	4	4	4	4	12	5	4	3
7	3	3	3	3	4	6	3	6
8	6	6	6	6	2	4	6	6
9	6	6	6	6	4	3	6	4
10	8	4	4	10	5	6	10	6
11	5	2	6	5	5	6	5	5
12	5	4	5	5	9	4	5	5
13	8	5	5	8	12	2	4	5
14	5	5	8	5	8	4	4	3
15	7	5	5	7	7	5	5	5
16	8	3	11	8	10	5	7	5
17	7	5	11	7	7	4	6	2
18	10	7	2	6	3	4	2	4
19	7	8	2	7	9	5	7	4
20	3	7	6	3	10	7	6	3
21	21	4	5	13	3	4	4	4
22		6	2	9		4	10	4
23		7	3			7	19	6
24		3	9			4	3	9
25		17	4			6		1
26		5	5			7		17
27			1			3		5
28			3			6		
29						11		
30						5		

图书在版编目(CIP)数据

中国俄语学生发音韵律特征研究:俄文/庄微微著.—南京:南京大学出版社,2023.5
(花津学术文丛/张德让,张孝荣主编)
ISBN 978-7-305-25160-3

Ⅰ.①中… Ⅱ.①庄… Ⅲ.①俄语-发音-研究 Ⅳ.①H351

中国版本图书馆 CIP 数据核字(2021)第 249256 号

出版发行	南京大学出版社
社　　址	南京市汉口路 22 号　　邮　编　210093
出 版 人	金鑫荣
丛 书 名	花津学术文丛
主　　编	张德让　张孝荣
书　　名	**中国俄语学生发音韵律特征研究**
著　　者	庄微微
责任编辑	张淑文　　　　　编辑热线 (025)83592401
照　　排	南京开卷文化传媒有限公司
印　　刷	苏州市古得堡数码印刷有限公司
开　　本	718 mm×960 mm　1/16 开　印张 16.75　字数 226 千
版　　次	2023 年 5 月第 1 版　2023 年 5 月第 1 次印刷
ISBN 978-7-305-25160-3	
定　　价	85.00 元

网　　址:http://www.njupco.com
官方微博:http://weibo.com/njupco
微信服务号:njuyuexue
销售咨询热线:(025)83594756

* 版权所有,侵权必究
* 凡购买南大版图书,如有印装质量问题,请与所购
　图书销售部门联系调换